DUONOS KALELĖLIŲ, KRANTOLŲ IR SUKČIŲ MENAS

GW00724598

Išlaisvinkite savo kepimo kūrybiškumą su 100 nenugalimų pikantiškų ir saldžių receptų

Dovilė Zagorskytė

TURINYS

ĮVADAS

Sveiki atvykę į duonos lazdelių, pyragaičių ir suktinukų pasaulį – nuostabią visatą, kurioje tešlos gaminiai paverčiami traškiais, kramtomaisiais ir nepaprastai skaniais skanėstais. Šioje kulinarinėje knygoje kviečiame į kulinarinę kelionę, kuri patenkins ir jūsų potraukį, ir nuotykių troškimą. Nesvarbu, ar esate patyręs kepėjas, ar pradedantysis virtuvėje, šie receptai suteiks jums galimybę įvaldyti nenugalimų užkandžių ir užkandžių, kurie nustebins šeimą, draugus ir net save, meną.

Šiuose puslapiuose rasite daugybę receptų, apimančių nuo klasikinių iki išradingų. Nuo tradicinių duonos lazdelių, apibarstytų kvapniomis žolelėmis, iki minkštų riestainių, pamirkytų aštriose garstyčiose, ir nuo saldžių cinamono vytelių iki sūrių įdarytų skanėstų – ši kulinarijos knyga turi kuo patikti kiekvienam gomuriui. Mes kruopščiai parengėme receptus, kuriuos lengva laikytis, kartu su naudingais patarimais ir būdais, kad jūsų kepimo pastangos būtų neįtikėtinai sėkmingos.

Taigi, užsiriškite prijuostę, pabarstykite rankas miltais ir pasiruoškite leistis į kulinarinį nuotykį, kuris pripildys jūsų virtuvę viliojančiais aromatais, o skonio receptorius – džiugiu malonumu. Tegul kelionė prasideda!

DUONOS LAIDĖLIAI

1.Palitos de pan

INGRIDIENTAI:

- 2 puodeliai universalių miltų
- 1 arbatinis šaukštelis druskos
- 1 arbatinis šaukštelis cukraus
- $2\frac{1}{4}$ arbatinio šaukštelio aktyvių sausų mielių
- ⅔ puodelio šilto vandens
- 2 šaukštai alyvuogių aliejaus
- Galimas užpilas: sezamo sėklos, aguonos, tarkuotas parmezano sūris ir kt.

INSTRUKCIJOS:

a) Mažame dubenyje ištirpinkite cukrų šiltame vandenyje. Pabarstykite mieles ant vandens ir leiskite pastovėti apie 5 minutes, kol suputos.

b) Dubenyje sumaišykite universalius miltus ir druską. Centre padarykite duobutę ir supilkite mielių mišinį bei alyvuogių aliejų.

c) Sumaišykite ingredientus, kol susidarys tešla. Tešlą perkelkite ant miltais pabarstyto paviršiaus ir minkykite apie 5-10 minučių, kol ji taps lygi ir elastinga. Jei reikia, įpilkite daugiau miltų, kad nesuliptų.

d) Tešlą sudėkite į riebalais išteptą dubenį, uždenkite švariu virtuviniu rankšluosčiu ir palikite šiltoje vietoje kilti apie 1 valandą arba kol padvigubės.

e) Įkaitinkite orkaitę iki 200°C (400°F) ir kepimo skardą išklokite pergamentiniu popieriumi.

f) Išmuškite tešlą, kad išsiskirtų oro burbuliukai. Padalinkite tešlą į mažas dalis ir kiekvieną dalį iškočiokite į ploną lazdelės formą, maždaug $\frac{1}{2}$ colio storio ir 6–8 colių ilgio.

g) Įdėkite duonos lazdeles ant paruoštos kepimo skardos, palikdami tarp jų šiek tiek vietos. Jei norite, ant duonos lazdelių pabarstykite pasirenkamų priedų, tokių kaip sezamo sėklos, aguonos arba tarkuotas parmezano sūris.

h) Kepkite duonos lazdeles įkaitintoje orkaitėje apie 12-15 minučių arba kol jie taps auksinės rudos spalvos ir traškūs.

i) Išimkite duonos lazdeles iš orkaitės ir prieš patiekdami leiskite joms atvėsti ant grotelių.

2.Grissini visi erbe

INGRIDIENTAI:

- 1 kepalas prancūziškos duonos, (8 uncijos)
- 1 valgomasis šaukštas alyvuogių aliejaus
- 1 česnako skiltelė, perpjauta per pusę
- $\frac{3}{4}$ arbatinio šaukštelio džiovinto raudonėlio
- $\frac{3}{4}$ arbatinio šaukštelio džiovinto baziliko
- $\frac{1}{8}$ arbatinio šaukštelio druskos

INSTRUKCIJOS:

a) Duoną perpjaukite per pusę skersai, o kiekvieną gabalėlį perpjaukite per pusę horizontaliai.

b) Tolygiai sutepkite aliejumi perpjautas duonos puses; įtrinti česnaku. Ant duonos pabarstykite raudonėlį, baziliką ir druską. Kiekvieną duonos gabalėlį supjaustykite išilgai į 3 pagaliukus.

c) Ant kepimo skardos sudėkite duonos lazdeles; kepkite 300 laipsnių temperatūroje 25 minutes arba kol apskrus.

3.A sparag us Breadstiks

INGRIDIENTAI:

- 2 Duonos tešlos kepaliukai
- 1 didelis kiaušinio baltymas
- $\frac{1}{4}$ puodelio tarkuoto parmezano sūrio
- 1 arbatinis šaukštelis džiovintų peletrūno lapų
- 1 arbatinis šaukštelis Džiovintų krapų piktžolės

INSTRUKCIJOS:

a) Padėkite kepalus ant miltais pabarstytos lentos ir kiekvieną kepaliuką susmulkinkite į 5x10 colių stačiakampį. Lengvai uždenkite plastikine plėvele ir leiskite pakilti, kol išsipūs, nuo 45 minučių iki 1 valandos.

b) Kiekvieną kepalą supjaustykite skersai į 9 lygias dalis.

c) Paimkite kiekvieno gabalo galus, ištempkite iki 12x15 colių riebalais išteptos kepimo skardos ilgio ir padėkite ant keptuvės; jei tešla atšoka, palikite kelias minutes pailsėti, tada vėl ištempkite.

d) Pakartokite, kad padarytumėte kiekvieną pagaliuką, maždaug 1$\frac{1}{2}$ colio atstumu.

e) Su žirklėmis 45 colių kampu nupjaukite tešlą, kad įpjovimai būtų maždaug $\frac{1}{2}$ colio atstumu vienas nuo kito maždaug 4 coliais iš 1 kiekvieno pagaliuko galo.

4.Grissini

INGRIDIENTAI:

- 2 puodeliai duonos miltų
- 1 arbatinis šaukštelis druskos
- 1 arbatinis šaukštelis cukraus
- 1 valgomasis šaukštas alyvuogių aliejaus
- $\frac{3}{4}$ puodelio šilto vandens
- Nebūtina: sezamo sėklų arba aguonų pabarstymui

INSTRUKCIJOS:

a) Dubenyje sumaišykite duonos miltus, druską ir cukrų. Gerai išmaišykite, kad ingredientai tolygiai pasiskirstytų.

b) Sausų ingredientų centre padarykite duobutę ir supilkite alyvuogių aliejų bei šiltą vandenį.

c) Maišykite mišinį mediniu šaukštu arba rankomis, kol susidarys tešla.

d) Tešlą perkelkite ant miltais pabarstyto paviršiaus ir minkykite apie 5-7 minutes, kol ji taps lygi ir elastinga.

e) Tešlą padalinkite į mažesnes dalis. Paimkite po vieną porciją ir iškočiokite į ploną virvę primenančią formą, maždaug $\frac{1}{4}$ colio skersmens.

f) Iškočiotą tešlą supjaustykite 8-10 colių ilgio pagaliukais. Galite juos sutrumpinti arba ilginti pagal savo pageidavimus.

g) Grissini lazdeles dėkite ant kepimo skardos, išklotos pergamentiniu popieriumi. Palikite tarpą tarp lazdelių, kad jos išsiplėstų.

h) Jei norite, grissini lazdeles galite aptepti alyvuogių aliejumi ir pabarstyti sezamo sėklomis arba aguonomis, kad gautumėte papildomo skonio ir tekstūros.

i) Įkaitinkite orkaitę iki 400 ° F (200 ° C).

j) Leiskite grissini lazdelėmis pailsėti ir pakilti apie 15-20 minučių.

k) Kepkite grissini įkaitintoje orkaitėje apie 15-20 minučių arba kol jie taps auksinės rudos spalvos ir traškūs.

l) Iškepusius grissini išimkite iš orkaitės ir leiskite atvėsti ant grotelių.

5.Taralli

INGRIDIENTAI:

- 4 puodeliai universalių miltų
- 2 arbatinius šaukštelius druskos
- 2 arbatinius šaukštelius cukraus
- 2 arbatinius šaukštelius kepimo miltelių
- 120 ml ($\frac{1}{2}$ puodelio) baltojo vyno
- 120 ml ($\frac{1}{2}$ puodelio) aukščiausios kokybės pirmojo spaudimo alyvuogių aliejaus
- Vanduo (pagal poreikį)
- Pasirinktinai kvapiosios medžiagos: pankolio sėklos, juodieji pipirai, čili dribsniai ir kt.

INSTRUKCIJOS:

a) Dideliame dubenyje sumaišykite miltus, druską, cukrų ir kepimo miltelius. Gerai ismaisyti.

b) Į sausus ingredientus įpilkite baltojo vyno ir alyvuogių aliejaus. Maišykite, kol ingredientai pradės jungtis.

c) Tešlą minkydami rankomis, po truputį pilkite vandenį, kol gausis vientisa ir šiek tiek kieta tešla. Reikalingas vandens kiekis gali skirtis priklausomai nuo jūsų aplinkos drėgmės.

d) Jei norite, į tešlą įpilkite kvapiųjų medžiagų, tokių kaip pankolio sėklos, juodieji pipirai arba čili dribsniai. Tešlą minkykite dar keletą kartų, kad tolygiai pasiskirstytų skoniai.

e) Padalinkite tešlą į mažesnes dalis ir kiekvieną dalį iškočiokite į ploną, maždaug 1 cm (0,4 colio) skersmens virvę.

f) Supjaustykite virvę mažais, maždaug 7-10 cm (2,8-4 colių) ilgio gabalėliais.

g) Paimkite kiekvieną gabalėlį ir sujunkite galus, suformuodami žiedo formą.

h) Įkaitinkite orkaitę iki 180°C (350°F).

i) Užvirinkite didelį puodą vandens. Į verdantį vandenį įberkite saują druskos.

j) Atsargiai įmeskite po kelis taralli į verdantį vandenį ir virkite apie 1-2 minutes arba kol išplauks į paviršių.

k) Išvirusius Taralli išimkite iš vandens ir perkelkite į kepimo skardą, išklotą pergamentiniu popieriumi.

l) Dėkite Taralli į įkaitintą orkaitę ir kepkite apie 25-30 minučių arba kol taps auksinės rudos spalvos ir traškūs.

m) Išimkite Taralli iš orkaitės ir prieš patiekdami leiskite jiems visiškai atvėsti.

6.Ferrarese duona

INGRIDIENTAI:

- 500 g miltų 00
- 175 g vandens
- 30 g taukų
- 50 g motininių mielių
- 9 g druskos
- 5 g salyklo
- 20 g aukščiausios kokybės pirmojo spaudimo alyvuogių aliejaus

INSTRUKCIJOS:

a) Vandenį, salyklą supilti į dubenį ir jame ištirpinti motinines mieles, suberti miltus ir dirbti, kol viskas susimaišys. Įdėkite lašinius ir leiskite gerai susigerti, kai tešla baigsis, supilkite aliejų ir druską ir minkykite, kad susidarytų vientisa ir vienalytė masė. Padalinkite tešlą į 8 kepalus po 95–100 g, kad gautumėte 4 ferarų poras po maždaug 195–200 g.

b) Kiekvieną blokelį apdirbkite kočėlu arba makaronų aparatu, kol gausite 1,2 cm storio.

c) Dabar kiekvieną kepaliuką susukite: viena ranka laikykite vieną galą, o kita pradėkite kočioti ir vynioti ir lėtai eikite beveik iki kepalo galo, pakartokite veiksmą su kitu kepaliuku.

d) Šiuo metu sujunkite juos, kad suformuotumėte porą (turite juos paspausti centre) ir padėkite ant kepimo skardos šiltoje vietoje 90-120 minučių pakilti.

e) Įkaitinkite orkaitę iki 200°C ir kepkite juos 18-20 minučių.

7.Coppia Ferrarese su medumi

INGRIDIENTAI:
DĖL ATOSTOGŲ:

- 200 g universalių miltų
- 1 arbatinis šaukštelis alyvuogių aliejaus
- 1 arbatinis šaukštelis medaus
- Drungnas vanduo
- Tešlai:
- 1 kg miltų (0 tipo)
- 350 ml vandens
- 60 gramų kiaulienos riebalų
- 40 ml aukščiausios kokybės pirmojo spaudimo alyvuogių aliejaus
- 100 g lapų
- 1 arbatinis šaukštelis druskos
- 1 valgomasis šaukštas miežių salyklo

INSTRUKCIJOS:
PALEIKTI:

a) Į dubenį supilkite 200 g miltų.

b) Į miltus įpilkite šiek tiek drungno vandens, arbatinį šaukštelį aliejaus ir šaukštelį medaus.

c) Maišykite iki vientisos masės be gabalėlių.

d) Iš miltų mišinio suformuokite rutulį.

e) Įdėkite miltų rutulį į dubenį.

f) Uždenkite dubenį drėgnu virtuviniu rankšluosčiu.

g) Miltus palikite 48 valandoms pailsėti, fermentuotis.

h) Įpilkite kelis arbatinius šaukštelius drungno vandens, dar kartą minkykite ir dar kartą uždenkite drėgnu virtuviniu rankšluosčiu.

i) Lapai turi būti atnaujinami kiekvieną savaitę.

DUONAI:

j) Visus tešlai skirtus ingredientus sudėkite į galingą maišytuvą.

k) Įjunkite maišytuvą ir minkykite 15–20 minučių.

l) Tešlą perkelkite ant stalviršio arba lygaus paviršiaus.

m) Tešlą padalinkite į maždaug 5 cm skersmens rutuliukus.

n) Norėdami formuoti rankiniu būdu, kiekvieną rutuliuką ant miltais pabarstyto paviršiaus iškočiokite maždaug 30 cm ilgio juosteles.

o) Delnu spauskite tešlą kaip štrudelį, iškočiodami į kūgio formos ragelius.

p) Supinti tokių ritinėlių poras, kad išgautų būdingą porų formą (keturi kūgio formos ragai, susipynę viduryje).

q) Kai suformuosite, perkelkite poras ant medinės lentos.

r) Uždenkite poras drėgnu virtuviniu rankšluosčiu.

s) Leiskite jam pailsėti nuo 1 valandos iki 1,5 valandos.

t) Įkaitinkite orkaitę iki 375 ° F.

u) Kepkite poras iki auksinės rudos spalvos.

v) Išimkite Coppia Ferrarese iš orkaitės ir pastumkite ant grotelių, kad atvėstų.

w) Coppia Ferrarese paruošta patiekti.

8.Pumpernickel ir ruginės duonos lazdelės

INGRIDIENTAI:

- 1 stiklinė ruginių miltų
- 1 puodelis universalių miltų
- 1/2 puodelio pumpernikelio miltų
- 2 arbatinius šaukštelius kepimo miltelių
- 1 arbatinis šaukštelis druskos
- 1 arbatinis šaukštelis kmynų
- 1/4 stiklinės nesūdyto sviesto, lydyto
- 3/4 stiklinės pieno

INSTRUKCIJOS:

a) Įkaitinkite orkaitę iki 375 ° F (190 ° C). Kepimo skardą išklokite kepimo popieriumi.

b) Dideliame dubenyje sumaišykite ruginius miltus, universalius miltus, pumpernikelio miltus, kepimo miltelius, druską ir kmynus.

c) Atskirame dubenyje sumaišykite ištirpintą sviestą ir pieną. Supilkite šlapius ingredientus į sausus ingredientus ir maišykite, kol tešla susimaišys.

d) Tešlą išverskite ant lengvai miltais pabarstyto paviršiaus ir keletą kartų minkykite iki vientisos masės.

e) Padalinkite tešlą į 12 vienodų dalių ir kiekvieną gabalėlį iškočiokite į 6 colių (15 cm) ilgio duonos lazdelę.

f) Įdėkite duonos lazdeles ant paruoštos kepimo skardos ir kepkite 15-18 minučių arba iki auksinės rudos spalvos.

g) Prieš patiekdami leiskite batonėliams šiek tiek atvėsti.

9.Rozmarinų ir čiobrelių duonos lazdelės

INGRIDIENTAI:

- 2 1/4 puodelių universalių miltų
- 2 arbatinius šaukštelius kepimo miltelių
- 1 arbatinis šaukštelis druskos
- 1 valgomasis šaukštas šviežio rozmarino, smulkiai pjaustyto
- 1 valgomasis šaukštas šviežių čiobrelių lapų
- 1/4 stiklinės nesūdyto sviesto, lydyto
- 3/4 stiklinės pieno

INSTRUKCIJOS:

a) Įkaitinkite orkaitę iki 375 ° F (190 ° C). Kepimo skardą išklokite kepimo popieriumi.

b) Dideliame dubenyje sumaišykite miltus, kepimo miltelius, druską, šviežią rozmariną ir šviežius čiobrelių lapus.

c) Atskirame dubenyje sumaišykite ištirpintą sviestą ir pieną. Supilkite šlapius ingredientus į sausus ingredientus ir maišykite, kol tešla susimaišys.

d) Tešlą išverskite ant lengvai miltais pabarstyto paviršiaus ir keletą kartų minkykite iki vientisos masės.

e) Padalinkite tešlą į 12 vienodų dalių ir kiekvieną gabalėlį iškočiokite į 6 colių (15 cm) ilgio duonos lazdelę.

f) Įdėkite duonos lazdeles ant paruoštos kepimo skardos ir kepkite 15-18 minučių arba iki auksinės rudos spalvos.

g) Prieš patiekdami leiskite batonėliams šiek tiek atvėsti.

10.Šalavijų duonos lazdelės

INGRIDIENTAI:

- 2 1/4 puodelių universalių miltų
- 2 arbatinius šaukštelius kepimo miltelių
- 1 arbatinis šaukštelis druskos
- 1 valgomasis šaukštas šviežių šalavijų, smulkiai pjaustytų
- 1/4 stiklinės nesūdyto sviesto, lydyto
- 3/4 stiklinės pieno

INSTRUKCIJOS:

a) Įkaitinkite orkaitę iki 375 ° F (190 ° C). Kepimo skardą išklokite kepimo popieriumi.

b) Dideliame dubenyje sumaišykite miltus, kepimo miltelius, druską ir šviežią šalaviją.

c) Atskirame dubenyje sumaišykite ištirpintą sviestą ir pieną. Supilkite šlapius ingredientus į sausus ingredientus ir maišykite, kol tešla susimaišys.

d) Tešlą išverskite ant lengvai miltais pabarstyto paviršiaus ir keletą kartų minkykite iki vientisos masės.

e) Padalinkite tešlą į 12 vienodų dalių ir kiekvieną gabalėlį iškočiokite į 6 colių (15 cm) ilgio duonos lazdelę.

f) Įdėkite duonos lazdeles ant paruoštos kepimo skardos ir kepkite 15-18 minučių arba iki auksinės rudos spalvos.

g) Prieš patiekdami leiskite batonėliams šiek tiek atvėsti.

11.Minkštos duonos lazdelės su pankolių sėklomis

INGRIDIENTAI:

- 2 1/4 puodelių universalių miltų
- 2 arbatinius šaukštelius kepimo miltelių
- 1 arbatinis šaukštelis druskos
- 2 šaukštai pankolio sėklų
- 1/4 stiklinės nesūdyto sviesto, lydyto
- 3/4 stiklinės pieno

INSTRUKCIJOS:

a) Įkaitinkite orkaitę iki 375 ° F (190 ° C). Kepimo skardą išklokite kepimo popieriumi.

b) Dideliame dubenyje sumaišykite miltus, kepimo miltelius, druską ir pankolio sėklas.

c) Atskirame dubenyje sumaišykite ištirpintą sviestą ir pieną. Supilkite šlapius ingredientus į sausus ingredientus ir maišykite, kol tešla susimaišys.

d) Tešlą išverskite ant lengvai miltais pabarstyto paviršiaus ir keletą kartų minkykite iki vientisos masės.

e) Padalinkite tešlą į 12 vienodų dalių ir kiekvieną gabalėlį iškočiokite į 6 colių (15 cm) ilgio duonos lazdelę.

f) Įdėkite duonos lazdeles ant paruoštos kepimo skardos ir kepkite 15-18 minučių arba iki auksinės rudos spalvos.

g) Prieš patiekdami leiskite batonėliams šiek tiek atvėsti.

12.Laukinių ryžių duonos lazdelės

INGRIDIENTAI:

- 1 puodelis virtų laukinių ryžių
- 2 1/4 puodelių universalių miltų
- 2 arbatinius šaukštelius kepimo miltelių
- 1 arbatinis šaukštelis druskos
- 1/4 stiklinės nesūdyto sviesto, lydyto
- 3/4 stiklinės pieno

INSTRUKCIJOS:

a) Įkaitinkite orkaitę iki 375 ° F (190 ° C). Kepimo skardą išklokite kepimo popieriumi.

b) Dideliame dubenyje sumaišykite virtus laukinius ryžius, miltus, kepimo miltelius ir druską.

c) Atskirame dubenyje sumaišykite ištirpintą sviestą ir pieną. Supilkite šlapius ingredientus į sausus ingredientus ir maišykite, kol tešla susimaišys.

d) Tešlą išverskite ant lengvai miltais pabarstyto paviršiaus ir keletą kartų minkykite iki vientisos masės.

e) Padalinkite tešlą į 12 vienodų dalių ir kiekvieną gabalėlį iškočiokite į 6 colių (15 cm) ilgio duonos lazdelę.

f) Įdėkite duonos lazdeles ant paruoštos kepimo skardos ir kepkite 15-18 minučių arba iki auksinės rudos spalvos.

g) Prieš patiekdami leiskite batonėliams šiek tiek atvėsti.

13.Svogūnų-pankolių duonos lazdelės

INGRIDIENTAI:

- 2 1/4 puodelių universalių miltų
- 2 arbatinius šaukštelius kepimo miltelių
- 1 arbatinis šaukštelis druskos
- 1/2 puodelio smulkiai supjaustyto svogūno
- 1 valgomasis šaukštas pankolio sėklų
- 1/4 stiklinės nesūdyto sviesto, lydyto
- 3/4 stiklinės pieno

INSTRUKCIJOS:

a) Įkaitinkite orkaitę iki 375 ° F (190 ° C). Kepimo skardą išklokite kepimo popieriumi.

b) Dideliame dubenyje sumaišykite miltus, kepimo miltelius ir druską.

c) Į sausus ingredientus suberkite smulkiai supjaustytą svogūną ir pankolio sėklas ir gerai išmaišykite.

d) Atskirame dubenyje sumaišykite ištirpintą sviestą ir pieną. Supilkite šlapius ingredientus į sausus ingredientus ir maišykite, kol tešla susimaišys.

e) Tešlą išverskite ant lengvai miltais pabarstyto paviršiaus ir keletą kartų minkykite iki vientisos masės.

f) Padalinkite tešlą į 12 vienodų dalių ir kiekvieną gabalėlį iškočiokite į 6 colių (15 cm) ilgio duonos lazdelę.

g) Įdėkite duonos lazdeles ant paruoštos kepimo skardos ir kepkite 15-18 minučių arba iki auksinės rudos spalvos.

h) Prieš patiekdami leiskite batonėliams šiek tiek atvėsti.

14.Pepperoni duonos lazdelės

INGRIDIENTAI:

- 2 1/4 puodelių universalių miltų
- 2 arbatinius šaukštelius kepimo miltelių
- 1 arbatinis šaukštelis druskos
- 1 arbatinis šaukštelis džiovintų itališkų prieskonių
- 1/2 puodelio smulkiai pjaustytų pipirų
- 1/4 stiklinės nesūdyto sviesto, lydyto
- 3/4 stiklinės pieno

INSTRUKCIJOS:

a) Įkaitinkite orkaitę iki 375 ° F (190 ° C). Kepimo skardą išklokite kepimo popieriumi.

b) Dideliame dubenyje sumaišykite miltus, kepimo miltelius, druską ir džiovintus itališkus prieskonius.

c) Į sausus ingredientus suberkite smulkiai supjaustytus pipirus ir gerai išmaišykite.

d) Atskirame dubenyje sumaišykite ištirpintą sviestą ir pieną. Supilkite šlapius ingredientus į sausus ingredientus ir maišykite, kol tešla susimaišys.

e) Tešlą išverskite ant lengvai miltais pabarstyto paviršiaus ir keletą kartų minkykite iki vientisos masės.

f) Padalinkite tešlą į 12 vienodų dalių ir kiekvieną gabalėlį iškočiokite į 6 colių (15 cm) ilgio duonos lazdelę.

g) Įdėkite duonos lazdeles ant paruoštos kepimo skardos ir kepkite 15-18 minučių arba iki auksinės rudos spalvos.

h) Prieš patiekdami leiskite batonėliams šiek tiek atvėsti.

INGRIDIENTAI:

- 12 duonos lazdelių (parduotuvėje arba naminių)
- 6 griežinėliai prosciutto, perpjauti per pusę išilgai
- 6 džiovintos figos, perpjautos per pusę

INSTRUKCIJOS:

a) Įkaitinkite orkaitę iki 375 ° F (190 ° C). Kepimo skardą išklokite kepimo popieriumi.

b) Kiekvieną duonos lazdelę apvyniokite puse prosciutto griežinėlio.

c) Ant kiekvienos duonos lazdelės viršaus uždėkite per pusę perpjautą džiovintą figą ir pritvirtinkite prosciutto.

d) Suvyniotas duonos lazdeles išdėliokite ant paruoštos kepimo skardos ir kepkite 10-12 minučių arba tol, kol prosciutto apskrus.

e) Prieš patiekdami leiskite batonėliams šiek tiek atvėsti.

16.Pagrindinės alyvuogių aliejaus duonos lazdelės

INGRIDIENTAI:

- 2 puodeliai universalių miltų
- 1 arbatinis šaukštelis druskos
- 1 arbatinis šaukštelis cukraus
- 1 valgomasis šaukštas aktyvių sausų mielių
- 1/2 stiklinės šilto vandens
- 1/4 puodelio alyvuogių aliejaus
- Neprivalomi priedai: rupios druskos, džiovintų žolelių (pvz., rozmarinų ar čiobrelių)

INSTRUKCIJOS:

a) Dubenyje sumaišykite miltus, druską ir cukrų.

b) Atskirame mažame dubenyje šiltame vandenyje ištirpinkite mieles ir leiskite pastovėti 5 minutes, kol suputos.

c) Į miltų mišinį įpilkite mielių mišinio ir alyvuogių aliejaus. Maišykite, kol tešla susimaišys.

d) Tešlą perkelkite ant lengvai miltais pabarstyto paviršiaus ir minkykite apie 5 minutes iki vientisos ir elastingos masės.

e) Tešlą sudėkite į riebalais išteptą dubenį, uždenkite švariu virtuviniu rankšluosčiu ir palikite šiltoje vietoje kilti apie 1 valandą arba kol padvigubės.

f) Įkaitinkite orkaitę iki 375 ° F (190 ° C).

g) Išmuškite tešlą ir padalinkite į lygias dalis.

h) Kiekvieną dalį iškočiokite į ploną duonos lazdelės formą.

i) Duonos lazdeles dėkite ant kepimo popieriumi išklotos skardos.

j) Pasirinktinai aptepkite duonos lazdeles alyvuogių aliejumi ir pabarstykite stambia druska arba džiovintomis žolelėmis.

k) Kepkite 12-15 minučių arba iki auksinės rudos spalvos.

l) Prieš patiekdami leiskite duonos lazdelėmis atvėsti.

INGRIDIENTAI:

- 2 1/4 puodelių universalių miltų
- 2 arbatinius šaukštelius kepimo miltelių
- 1 arbatinis šaukštelis druskos
- 1/2 arbatinio šaukštelio juodųjų pipirų
- 1 puodelis susmulkinto čederio sūrio
- 1/4 stiklinės nesūdyto sviesto, lydyto
- 3/4 stiklinės pieno

INSTRUKCIJOS:

a) Įkaitinkite orkaitę iki 375 ° F (190 ° C). Kepimo skardą išklokite kepimo popieriumi.

b) Dideliame dubenyje sumaišykite miltus, kepimo miltelius, druską ir juoduosius pipirus.

c) Susmulkintą čederio sūrį suberkite į sausus ingredientus ir gerai išmaišykite.

d) Atskirame dubenyje sumaišykite ištirpintą sviestą ir pieną. Supilkite šlapius ingredientus į sausus ingredientus ir maišykite, kol tešla susimaišys.

e) Tešlą išverskite ant lengvai miltais pabarstyto paviršiaus ir keletą kartų minkykite iki vientisos masės.

f) Padalinkite tešlą į 12 vienodų dalių ir kiekvieną gabalėlį iškočiokite į 6 colių (15 cm) ilgio duonos lazdelę.

g) Įdėkite duonos lazdeles ant paruoštos kepimo skardos ir kepkite 15-18 minučių arba iki auksinės rudos spalvos.

h) Prieš patiekdami leiskite batonėliams šiek tiek atvėsti.

18.Čili šoninės duonos lazdelės

INGRIDIENTAI:

2 1/4 puodelių universalių miltų
2 arbatinius šaukštelius kepimo miltelių
1 arbatinis šaukštelis druskos
1 valgomasis šaukštas čili miltelių
1/2 puodelio virtos ir susmulkintos šoninės
1/4 stiklinės nesūdyto sviesto, lydyto
3/4 stiklinės pieno

a) **INSTRUKCIJOS:**
b) Įkaitinkite orkaitę iki 375 ° F (190 ° C). Kepimo skardą išklokite kepimo popieriumi.
c) Dideliame dubenyje sumaišykite miltus, kepimo miltelius, druską ir čili miltelius.
d) Išvirtą ir sutrupintą šoninę sudėkite į sausus ingredientus ir gerai išmaišykite.
e) Atskirame dubenyje sumaišykite ištirpintą sviestą ir pieną. Supilkite šlapius ingredientus į sausus ingredientus ir maišykite, kol tešla susimaišys.
f) Tešlą išverskite ant lengvai miltais pabarstyto paviršiaus ir keletą kartų minkykite iki vientisos masės.
g) Padalinkite tešlą į 12 vienodų dalių ir kiekvieną gabalėlį iškočiokite į 6 colių (15 cm) ilgio duonos lazdelę.
h) Įdėkite duonos lazdeles ant paruoštos kepimo skardos ir kepkite 15-18 minučių arba iki auksinės rudos spalvos.
i) Prieš patiekdami leiskite batonėliams šiek tiek atvėsti.

19.Pankolių ir stambios druskos duonos lazdelės

INGRIDIENTAI:

- 2 1/4 puodelių universalių miltų
- 2 arbatinius šaukštelius kepimo miltelių
- 1 arbatinis šaukštelis druskos
- 1 valgomasis šaukštas pankolio sėklų
- 2 šaukštai rupios druskos
- 1/4 stiklinės nesūdyto sviesto, lydyto
- 3/4 stiklinės pieno

INSTRUKCIJOS:

a) Įkaitinkite orkaitę iki 375 ° F (190 ° C). Kepimo skardą išklokite kepimo popieriumi.

b) Dideliame dubenyje sumaišykite miltus, kepimo miltelius, druską ir pankolio sėklas.

c) Atskirame dubenyje sumaišykite ištirpintą sviestą ir pieną. Supilkite šlapius ingredientus į sausus ingredientus ir maišykite, kol tešla susimaišys.

d) Tešlą išverskite ant lengvai miltais pabarstyto paviršiaus ir keletą kartų minkykite iki vientisos masės.

e) Padalinkite tešlą į 12 vienodų dalių ir kiekvieną gabalėlį iškočiokite į 6 colių (15 cm) ilgio duonos lazdelę.

f) Ant paruoštos kepimo skardos dėkite duonos lazdeles. Duonos lazdeles pabarstykite stambia druska.

g) Kepkite 15-18 minučių arba iki auksinės rudos spalvos.

h) Prieš patiekdami leiskite batonėliams šiek tiek atvėsti.

20.Jalapeno duonos lazdelės

INGRIDIENTAI:

- 2 1/4 puodelių universalių miltų
- 2 arbatinius šaukštelius kepimo miltelių
- 1 arbatinis šaukštelis druskos
- 2 jalapeno pipirai, išskobti ir smulkiai supjaustyti
- 1/4 stiklinės nesūdyto sviesto, lydyto
- 3/4 stiklinės pieno

INSTRUKCIJOS:

a) Įkaitinkite orkaitę iki 375 ° F (190 ° C). Kepimo skardą išklokite kepimo popieriumi.

b) Dideliame dubenyje sumaišykite miltus, kepimo miltelius, druską ir kapotus jalapeno pipirus.

c) Atskirame dubenyje sumaišykite ištirpintą sviestą ir pieną. Supilkite šlapius ingredientus į sausus ingredientus ir maišykite, kol tešla susimaišys.

d) Tešlą išverskite ant lengvai miltais pabarstyto paviršiaus ir keletą kartų minkykite iki vientisos masės.

e) Padalinkite tešlą į 12 vienodų dalių ir kiekvieną gabalėlį iškočiokite į 6 colių (15 cm) ilgio duonos lazdelę.

f) Įdėkite duonos lazdeles ant paruoštos kepimo skardos ir kepkite 15-18 minučių arba iki auksinės rudos spalvos.

g) Prieš patiekdami leiskite batonėliams šiek tiek atvėsti.

21.Kraft sūrio duonos lazdelės

INGRIDIENTAI:

- 2 1/4 puodelių universalių miltų
- 2 arbatinius šaukštelius kepimo miltelių
- 1 arbatinis šaukštelis druskos
- 1 puodelis susmulkinto Kraft sūrio (ąžuolo, čederio, mocarela)
- 1/4 stiklinės nesūdyto sviesto, lydyto
- 3/4 stiklinės pieno

INSTRUKCIJOS:

a) Įkaitinkite orkaitę iki 375 ° F (190 ° C). Kepimo skardą išklokite kepimo popieriumi.

b) Dideliame dubenyje sumaišykite miltus, kepimo miltelius ir druską.

c) Suberkite tarkuotą sūrį į sausus ingredientus ir gerai išmaišykite.

d) Atskirame dubenyje sumaišykite ištirpintą sviestą ir pieną. Supilkite šlapius ingredientus į sausus ingredientus ir maišykite, kol tešla susimaišys.

e) Tešlą išverskite ant lengvai miltais pabarstyto paviršiaus ir keletą kartų minkykite iki vientisos masės.

f) Padalinkite tešlą į 12 vienodų dalių ir kiekvieną gabalėlį iškočiokite į 6 colių (15 cm) ilgio duonos lazdelę.

g) Įdėkite duonos lazdeles ant paruoštos kepimo skardos ir kepkite 15-18 minučių arba iki auksinės rudos spalvos.

h) Prieš patiekdami leiskite batonėliams šiek tiek atvėsti.

22.Riešutinės duonos lazdelės

INGRIDIENTAI:

- 2 1/4 puodelių universalių miltų
- 2 arbatinius šaukštelius kepimo miltelių
- 1 arbatinis šaukštelis druskos
- 1/2 puodelio kapotų riešutų (ąžuolo, graikinių riešutų, migdolų)
- 1/4 stiklinės nesūdyto sviesto, lydyto
- 3/4 stiklinės pieno

INSTRUKCIJOS:

a) Įkaitinkite orkaitę iki 375 ° F (190 ° C). Kepimo skardą išklokite kepimo popieriumi.

b) Dideliame dubenyje sumaišykite miltus, kepimo miltelius ir druską.

c) Suberkite susmulkintus riešutus į sausus ingredientus ir gerai išmaišykite.

d) Atskirame dubenyje sumaišykite ištirpintą sviestą ir pieną. Supilkite šlapius ingredientus į sausus ingredientus ir maišykite, kol tešla susimaišys.

e) Tešlą išverskite ant lengvai miltais pabarstyto paviršiaus ir keletą kartų minkykite iki vientisos masės.

f) Padalinkite tešlą į 12 vienodų dalių ir kiekvieną gabalėlį iškočiokite į 6 colių (15 cm) ilgio duonos lazdelę.

g) Įdėkite duonos lazdeles ant paruoštos kepimo skardos ir kepkite 15-18 minučių arba iki auksinės rudos spalvos.

h) Prieš patiekdami leiskite batonėliams šiek tiek atvėsti.

23.Alyvuogių sodo duonos lazdelės

INGRIDIENTAI:

- 2 1/4 puodelių universalių miltų
- 2 arbatinius šaukštelius kepimo miltelių
- 1 arbatinis šaukštelis druskos
- 1 arbatinis šaukštelis česnako miltelių
- 1 arbatinis šaukštelis džiovintų raudonėlių
- 1/4 stiklinės nesūdyto sviesto, lydyto
- 3/4 stiklinės pieno

INSTRUKCIJOS:

a) Įkaitinkite orkaitę iki 375 ° F (190 ° C). Kepimo skardą išklokite kepimo popieriumi.

b) Dideliame dubenyje sumaišykite miltus, kepimo miltelius, druską, česnako miltelius ir džiovintą raudonėlį.

c) Atskirame dubenyje sumaišykite ištirpintą sviestą ir pieną. Supilkite šlapius ingredientus į sausus ingredientus ir maišykite, kol tešla susimaišys.

d) Tešlą išverskite ant lengvai miltais pabarstyto paviršiaus ir keletą kartų minkykite iki vientisos masės.

e) Padalinkite tešlą į 12 vienodų dalių ir kiekvieną gabalėlį iškočiokite į 6 colių (15 cm) ilgio duonos lazdelę.

f) Įdėkite duonos lazdeles ant paruoštos kepimo skardos ir kepkite 15-18 minučių arba iki auksinės rudos spalvos.

g) Prieš patiekdami leiskite batonėliams šiek tiek atvėsti.

KLANTAS

24.Elzaso pusgamštis

INGRIDIENTAI:

- 4 puodeliai universalių miltų
- 2 arbatinius šaukštelius druskos
- 2 arbatinius šaukštelius cukraus
- $2\frac{1}{4}$ arbatinio šaukštelio aktyvių sausų mielių
- 1 puodelis šilto vandens
- 4 šaukštai nesūdyto sviesto, suminkštinto
- Rupi druska, užpilui

ŠARMINIAM TIRPALUI (NEPRIVALOMA):

- 4 puodeliai vandens
- 2 šaukštai kepimo sodos

INSTRUKCIJOS:

a) Dideliame dubenyje sumaišykite miltus, druską ir cukrų. Gerai išmaišykite, kad ingredientai tolygiai pasiskirstytų.

b) Mažame dubenyje šiltame vandenyje ištirpinkite mieles. Leiskite pastovėti apie 5 minutes, kol suputos.

c) Supilkite mielių mišinį į dubenį su sausais ingredientais. Taip pat sudėkite minkštą sviestą. Maišykite mišinį mediniu šaukštu arba rankomis, kol susidarys tešla.

d) Tešlą perkelkite ant lengvai miltais pabarstyto paviršiaus ir minkykite apie 8-10 minučių, kol ji taps lygi ir elastinga.

e) Tešlą sudėkite į riebalais pateptą dubenį ir uždenkite švariu virtuviniu rankšluosčiu arba plastikine plėvele. Leiskite jam kilti šiltoje vietoje be skersvėjų maždaug 1-1 $\frac{1}{2}$ valandos arba tol, kol padvigubės.

f) Įkaitinkite orkaitę iki 230°C (450°F) ir kepimo skardą išklokite pergamentiniu popieriumi.

g) Pakilusią tešlą pradurkite, kad išeitų oras. Padalinkite tešlą į vienodo dydžio dalis ir kiekvieną dalį iškočiokite į ilgą, maždaug 40–50 centimetrų (16–20 colių) ilgio virvę.

h) Norėdami suformuoti klingerus, kiekvieną virvę suformuokite į U formą. Du kartus sukryžiuokite galus vienas per kitą, tada prispauskite galus prie apatinės U formos kreivės, kad sukurtumėte klasikinę klinšo formą. Ant paruoštos kepimo skardos sudėkite klingerus.

i) Jei norite, šarminį tirpalą paruoškite dideliame puode užvirdami vandeniu. Į verdantį vandenį įpilkite soda. Atsargiai pamerkite kiekvieną klingerį į verdantį šarminį tirpalą maždaug 10 sekundžių, tada grąžinkite jį į kepimo skardą. Šis žingsnis suteikia klinšiams būdingą tamsią ir blizgią plutą. Arba galite praleisti šį veiksmą, kad gautumėte šviesesnės spalvos plutą.

j) Ant riestainių gausiai pabarstykite rupia druska.

k) Kepkite Bretzel d'Alsace įkaitintoje orkaitėje apie 12-15 minučių arba kol jie taps auksinės spalvos.

l) Išimkite klingerus iš orkaitės ir prieš patiekdami leiskite atvėsti ant grotelių.

25. Traškūs Pretzel lašai

INGRIDIENTAI:

- 2 puodeliai klinšo suktukai, šiek tiek susmulkinti
- 1 puodelis nesūdytų žemės riešutų arba sumaišytų riešutų
- 1 puodelis mini klinerių
- 1 puodelis kukurūzų grūdų kvadratėlių
- 1/4 stiklinės nesūdyto sviesto, lydyto
- 1 valgomasis šaukštas Worcestershire padažo
- 1 arbatinis šaukštelis česnako miltelių
- 1 arbatinis šaukštelis svogūnų miltelių
- 1/2 arbatinio šaukštelio paprikos
- 1/4 arbatinio šaukštelio kajeno pipirų (nebūtina)

INSTRUKCIJOS:

a) Įkaitinkite orkaitę iki 250°F (120°C). Kepimo skardą išklokite kepimo popieriumi.

b) Dideliame dubenyje sumaišykite kliņģerinius, žemės riešutus, mini kliņģerus ir kukurūzų grūdų kvadratus.

c) Atskirame mažame dubenyje išplakite lydytą sviestą, Vusterio padažą, česnako miltelius, svogūnų miltelius, papriką ir kajeno pipirus (jei naudojate).

d) Supilkite sviesto mišinį ant kliņģerinio mišinio ir išmaišykite, kad tolygiai pasidengtų.

e) Ant paruoštos kepimo skardos lygiu sluoksniu paskleiskite dengtą kliņģero mišinį.

f) Kepkite įkaitintoje orkaitėje apie 1 val., kas 15 minučių pamaišydami, kol pyragaičiai taps traškūs ir auksinės rudos spalvos.

g) Išimkite iš orkaitės ir prieš patiekdami leiskite jiems visiškai atvėsti.

26.Varškės pyragaičiai

INGRIDIENTAI:

- 2 puodeliai klinšo suktukai
- 2 šaukštai nesūdyto sviesto, lydyto
- 1 valgomasis šaukštas kario miltelių
- 1/2 arbatinio šaukštelio česnako miltelių
- 1/2 arbatinio šaukštelio svogūnų miltelių
- 1/4 arbatinio šaukštelio kajeno pipirų (nebūtina)
- Pasūdykite du raktus

INSTRUKCIJOS:

a) Įkaitinkite orkaitę iki 325°F (160°C). Kepimo skardą išklokite kepimo popieriumi.

b) Dideliame dubenyje sumaišykite susmulkintus kliņģerus, lydytą sviestą, kario miltelius, česnako miltelius, svogūnų miltelius, kajeno pipirus (jei naudojate) ir druską. Išmeskite, kad pyragaičiai tolygiai pasidengtų.

c) Vienu sluoksniu padengtus kliņģerus paskleiskite ant paruoštos kepimo skardos.

d) Kepkite įkaitintoje orkaitėje apie 10-15 minučių, vieną ar du kartus pamaišydami, kol kliņģerės apskrus ir kvepia.

e) Išimkite iš orkaitės ir prieš patiekdami leiskite jiems visiškai atvėsti.

27.Desertinis pyragas

INGRIDIENTAI:

- Pretzel šaknys arba posūkiai
- Tirpsta šokoladas arba saldainiai (pieninis, juodasis arba baltasis šokoladas)
- Įvairūs priedai (pvz., pabarstukai, susmulkinti riešutai, susmulkintas kokosas)

INSTRUKCIJOS:

a) Kepimo skardą išklokite kepimo popieriumi.

b) Ištirpinkite šokoladą arba saldainių tirpsmą pagal pakuotės nurodymus.

c) Kiekvieną kliņģerį pamerkite į ištirpintą šokoladą, kad nuvarvėtų perteklius.

d) Kol šokoladas dar šlapias, iš karto pabarstykite pasirinktais priedais.

e) Ant paruoštos kepimo skardos išdėliokite papuoštus kliņģerus.

f) Leiskite šokoladui sustingti kambario temperatūroje arba padėkite kepimo skardą į šaldytuvą, kad greičiau sukietėtų.

g) Sustingus išimkite iš šaldytuvo ir patiekite.

28.Espreso pyragaičiai

INGRIDIENTAI:

- 2 puodeliai universalių miltų
- 1 valgomasis šaukštas tirpios espreso miltelių
- 1 arbatinis šaukštelis druskos
- 1 valgomasis šaukštas cukraus
- 1 pakelis (2 ¼ arbatinių šaukštelių) aktyvių sausų mielių
- 1 puodelis šilto vandens
- Rupi druska pabarstymui
- 1 kiaušinis, sumuštas

INSTRUKCIJOS:

a) Dideliame dubenyje sumaišykite miltus, espreso miltelius, druską ir cukrų.

b) Atskirame mažame dubenyje ištirpinkite mieles šiltame vandenyje ir leiskite pastovėti 5 minutes, kol suputos.

c) Mielių mišinį supilkite į sausus ingredientus ir maišykite, kol susidarys tešla.

d) Tešlą pasukite ant miltais pabarstyto paviršiaus ir minkykite apie 5 minutes iki vientisos ir elastingos masės.

e) Tešlą sudėkite į riebalais išteptą dubenį, uždenkite švariu virtuviniu rankšluosčiu ir palikite šiltoje vietoje kilti apie 1 valandą arba kol padvigubės.

f) Įkaitinkite orkaitę iki 425°F (220°C) ir kepimo skardą išklokite pergamentiniu popieriumi.

g) Padalinkite tešlą į mažus gabalėlius ir kiekvieną gabalėlį iškočiokite į ilgos virvės formą. Susukite tešlą į klinšo formeles.

h) Ant paruoštos kepimo skardos išdėliokite kliņģerus ir aptepkite plaktu kiaušiniu. Ant viršaus pabarstykite stambią druską.

i) Kepkite 12-15 minučių arba iki auksinės rudos spalvos. Prieš patiekdami leiskite jiems atvėsti.

INGRIDIENTAI:

- 2 puodeliai šilto vandens
- 1 valgomasis šaukštas cukraus
- 1 valgomasis šaukštas aktyvių sausų mielių
- 4 $\frac{1}{2}$ stiklinės universalių miltų
- 2 arbatinius šaukštelius druskos
- $\frac{1}{4}$ puodelio kepimo sodos
- Rupi druska pabarstymui

INSTRUKCIJOS:

a) Dideliame dubenyje sumaišykite šiltą vandenį ir cukrų. Pabarstykite mieles ant vandens ir palikite 5 minutes arba kol suputos.

b) Į dubenį suberkite miltus ir druską ir maišykite, kol susidarys tešla.

c) Tešlą pasukite ant miltais pabarstyto paviršiaus ir minkykite apie 5 minutes iki vientisos ir elastingos masės.

d) Tešlą sudėkite į riebalais išteptą dubenį, uždenkite švariu virtuviniu rankšluosčiu ir palikite šiltoje vietoje kilti apie 1 valandą arba kol padvigubės.

e) Įkaitinkite orkaitę iki 450°F (230°C) ir kepimo skardą išklokite pergamentiniu popieriumi.

f) Dideliame puode užvirinkite vandenį ir suberkite soda.

g) Padalinkite tešlą į mažus gabalėlius ir kiekvieną gabalėlį iškočiokite į ilgos virvės formą. Susukite tešlą į klinšo formeles.

h) Kiekvieną klinģerį maždaug 30 sekundžių panardinkite į verdantį vandenį su soda ir padėkite ant paruoštos kepimo skardos.

i) Ant riestainių viršų pabarstykite stambia druska.

j) Kepkite 10-12 minučių arba iki auksinės rudos spalvos. Prieš patiekdami leiskite jiems atvėsti.

30.Pipiriniai sūrio riestainiai

INGRIDIENTAI:

- 2 puodeliai universalių miltų
- 1 valgomasis šaukštas cukraus
- 1 ½ arbatinio šaukštelio kepimo miltelių
- 1 arbatinis šaukštelis druskos
- 1 arbatinis šaukštelis juodųjų pipirų
- 1 puodelis susmulkinto pipirinio sūrio
- ½ puodelio pieno
- ¼ puodelio nesūdyto sviesto, lydyto
- Rupi druska pabarstymui

INSTRUKCIJOS:

a) Įkaitinkite orkaitę iki 425°F (220°C) ir kepimo skardą išklokite pergamentiniu popieriumi.

b) Dideliame dubenyje sumaišykite miltus, cukrų, kepimo miltelius, druską, juoduosius pipirus ir tarkuotą sūrį.

c) Atskirame mažame dubenyje sumaišykite pieną ir lydytą sviestą.

d) Pieno ir sviesto mišinį supilkite į sausus ingredientus ir maišykite, kol susidarys tešla.

e) Tešlą pasukite ant miltais pabarstyto paviršiaus ir minkykite keletą minučių iki vientisos masės.

f) Padalinkite tešlą į mažus gabalėlius ir kiekvieną gabalėlį iškočiokite į ilgos virvės formą. Susukite tešlą į klinšo formeles.

g) Ant paruoštos kepimo skardos dėkite klingerus, o ant viršaus pabarstykite stambia druska.

h) Kepkite 12-15 minučių arba iki auksinės rudos spalvos. Prieš patiekdami leiskite jiems atvėsti.

31.Pipirmėčių riestainių lazdelės

INGRIDIENTAI:

- 12 klinšo šaknų
- 1 puodelis baltojo šokolado drožlių
- ½ arbatinio šaukštelio pipirmėčių ekstrakto
- Susmulkintos saldainių lazdelės papuošimui

INSTRUKCIJOS:

a) Kepimo skardą išklokite kepimo popieriumi.

b) Mikrobangų krosnelėje tinkamame dubenyje 30 sekundžių intervalais ištirpinkite baltojo šokolado drožles, tarp kurių maišydami, kol taps vientisa ir išsilydys.

c) Į ištirpintą šokoladą įmaišykite pipirmėčių ekstraktą.

d) Kiekvieną kliņģerinį lazdelę panardinkite į ištirpintą šokoladą, padengdami jį maždaug ¾ kelio.

e) Ant paruoštos kepimo skardos dėkite dengtus kliņģerinius strypus ir šokolado dangą pabarstykite susmulkintomis saldainių lazdelėmis.

f) Kepimo skardą dėkite į šaldytuvą maždaug 15-20 minučių arba kol šokoladas sukietės.

g) Kai sukietėja, išimkite kliņģerines lazdeles iš šaldytuvo ir patiekite.

INGRIDIENTAI:

- 1 ½ stiklinės šilto vandens
- 1 valgomasis šaukštas cukraus
- 2 arbatinius šaukštelius druskos
- 1 pakuotė (2 ¼ arbatiniai šaukšteliai) aktyvių sausų mielių
- 4 ½ stiklinės universalių miltų
- 4 šaukštai nesūdyto sviesto, lydyto
- Rupi druska pabarstymui

INSTRUKCIJOS:

a) Dideliame dubenyje sumaišykite šiltą vandenį, cukrų ir druską. Pabarstykite mieles ant vandens ir palikite 5 minutes arba kol suputos.

b) Į dubenį suberkite miltus ir ištirpintą sviestą ir maišykite, kol susidarys tešla.

c) Tešlą pasukite ant miltais pabarstyto paviršiaus ir minkykite apie 5-7 minutes, kol masė taps vientisa ir elastinga.

d) Tešlą sudėkite į riebalais išteptą dubenį, uždenkite švariu virtuviniu rankšluosčiu ir palikite šiltoje vietoje kilti apie 1 valandą arba kol padvigubės.

e) Įkaitinkite orkaitę iki 425°F (220°C) ir kepimo skardą išklokite pergamentiniu popieriumi.

f) Padalinkite tešlą į vienodo dydžio gabalėlius ir kiekvieną gabalėlį iškočiokite į ilgos virvės formą. Suformuokite tešlą į pieštuko formeles.

g) Ant paruoštos kepimo skardos dėkite klinǵerus, o ant viršaus pabarstykite stambia druska.

h) Kepkite 12-15 minučių arba iki auksinės rudos spalvos. Prieš patiekdami leiskite jiems atvėsti.

33.Šokolado pyragaičiai (Schokoladenpretzel)

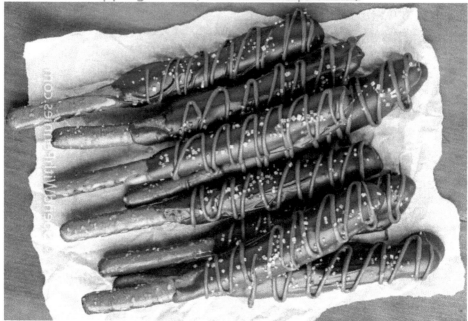

INGRIDIENTAI:

- 12 klinšo suktukų arba strypų
- 1 puodelis pusiau saldaus šokolado drožlių
- 1 valgomasis šaukštas augalinio aliejaus
- Įvairūs priedai (pabarstukai, susmulkinti riešutai, susmulkinti kokosai ir kt.)

INSTRUKCIJOS:

a) Kepimo skardą išklokite kepimo popieriumi.

b) Mikrobangų krosnelei tinkamame dubenyje sumaišykite šokolado drožles ir augalinį aliejų. Mikrobangų krosnelėje kaitinkite kas 30 sekundžių, tarpais maišydami, kol šokoladas visiškai ištirps ir taps vientisas.

c) Kiekvieną pusgaminį arba šaknį pamerkite į ištirpintą šokoladą, visiškai jį padengdami.

d) Leiskite šokolado pertekliui nuvarvėti, tada uždėkite padengtą klinģerį ant paruoštos kepimo skardos.

e) Kol šokoladas dar šlapias, ant riestainių apibarstykite norimus priedus.

f) Procedūrą pakartokite su likusiais pyragaičiais.

g) Kepimo skardą dėkite į šaldytuvą maždaug 20 minučių arba kol šokoladas sukietės.

h) Sustingusius šokoladinius klinģerus išimkite iš šaldytuvo ir patiekite.

34.Spider Pretzels

INGRIDIENTAI:

- 24 nedideli klinšo suktukai
- 1 puodelis pusiau saldaus šokolado drožlių
- 48 saldainių akys
- 24 maži apvalūs saldainiai (M&Ms ar panašūs)

INSTRUKCIJOS:

a) Kepimo skardą išklokite kepimo popieriumi.

b) Mikrobangų krosnelei tinkamame dubenyje ištirpinkite šokolado drožles kas 30 sekundžių, tarpais maišydami, kol pasidarys vienalytė ir išsilydys.

c) Kiekvieną pusgalį įmerkite į ištirpintą šokoladą, palikdami neuždengtus galus.

d) Ant paruoštos kepimo skardos dėkite šokoladu pamirkytus klinģerus.

e) Pritvirtinkite dvi saldainių akis ant kiekvieno klinģero šalia viršaus.

f) Įdėkite nedidelį apvalų saldainį centre, tiesiai po akimis, kad sukurtumėte voro kūną.

g) Procedūrą pakartokite su likusiais pyragaičiais.

h) Kepimo skardą dėkite į šaldytuvą maždaug 20 minučių arba kol šokoladas sukietės.

i) Sustingusius voratinklius išimkite iš šaldytuvo ir patiekite.

35.Taralli (itališki pyragaičiai)

INGRIDIENTAI:

- 3 puodeliai universalių miltų
- 1 arbatinis šaukštelis druskos
- 1 arbatinis šaukštelis juodųjų pipirų
- 1 arbatinis šaukštelis pankolių sėklų
- ¼ puodelio aukščiausios kokybės pirmojo spaudimo alyvuogių aliejaus
- 1 puodelis sauso baltojo vyno

INSTRUKCIJOS:

a) Įkaitinkite orkaitę iki 350°F (175°C) ir kepimo skardą išklokite pergamentiniu popieriumi.

b) Dideliame dubenyje sumaišykite miltus, druską, juoduosius pipirus ir pankolio sėklas.

c) Į dubenį įpilkite alyvuogių aliejaus ir maišykite, kol gerai susimaišys.

d) Palaipsniui supilkite baltąjį vyną, maišykite, kol susidarys tešla.

e) Tešlą pasukite ant miltais pabarstyto paviršiaus ir minkykite keletą minučių iki vientisos masės.

f) Padalinkite tešlą į mažus gabalėlius ir kiekvieną gabalėlį iškočiokite į maždaug ½ colio storio ir 4–6 colių ilgio virvės formą.

g) Suformuokite kiekvieną virvę į klinšo formą, suspauskite galus, kad pritvirtintumėte.

h) Ant paruoštos kepimo skardos sudėkite klingerus.

i) Kepkite 20-25 minutes arba iki auksinės rudos spalvos.

j) Prieš patiekdami leiskite taraliui atvėsti.

INGRIDIENTAI:

- 24 nedideli klinšo suktukai arba kvadratėliai
- 24 šokoladu padengti karameliniai saldainiai (pvz., Rolo)
- 24 pekano puselės

INSTRUKCIJOS:

a) Įkaitinkite orkaitę iki 350°F (175°C) ir kepimo skardą išklokite pergamentiniu popieriumi.

b) Ant paruoštos kepimo skardos išdėliokite riestainius arba kvadratėlius.

c) Išvyniokite šokoladu aplietus karamelinius saldainius ir uždėkite po vieną ant kiekvieno kliŋǵero.

d) Kepkite 2-3 minutes, kol karamelė ims minkštėti.

e) Išimkite kepimo skardą iš orkaitės ir ant kiekvienos karamelės švelniai prispauskite po pusę pekano, šiek tiek išlyginkite.

f) Prieš patiekdami leiskite vėžlių klinšiams visiškai atvėsti.

37.Baltojo šokolado saldainiai

INGRIDIENTAI:

- 24 klinšo suktukai
- 1 puodelis baltojo šokolado drožlių
- 1 valgomasis šaukštas augalinio aliejaus
- Įvairūs spalvoti saldainiai tirpsta arba pabarsto

INSTRUKCIJOS:

a) Kepimo skardą išklokite kepimo popieriumi.

b) Mikrobangų krosnelėje tinkamame dubenyje sumaišykite baltojo šokolado drožles ir augalinį aliejų. Mikrobangų krosnelėje kaitinkite kas 30 sekundžių, tarpais maišydami, kol šokoladas visiškai ištirps ir taps vientisas.

c) Kiekvieną gabalėlį pamerkite į ištirpintą baltąjį šokoladą, visiškai jį padengdami.

d) Leiskite šokolado pertekliui nuvarvėti, tada uždėkite padengtą klingerį ant paruoštos kepimo skardos.

e) Kol baltasis šokoladas dar šlapias, papuošimui apšlakstykite arba pabarstykite spalvotais saldainių tirpalais arba pabarstykite klingerus.

f) Procedūrą pakartokite su likusiais pyragaičiais.

g) Kepimo skardą dėkite į šaldytuvą maždaug 20 minučių arba kol šokoladas sukietės.

h) Kai sustings, išimkite baltojo šokolado saldainius iš šaldytuvo ir patiekite.

38.Kepti Pretzels

INGRIDIENTAI:

- 2 $\frac{1}{4}$ puodeliai universalių miltų
- 1 arbatinis šaukštelis druskos
- 1 valgomasis šaukštas cukraus
- 2 $\frac{1}{4}$ arbatinio šaukštelio tirpių mielių
- 1 puodelis šilto vandens
- 2 šaukštai kepimo sodos
- Rupi druska pabarstymui

INSTRUKCIJOS:

Dubenyje sumaišykite miltus, druską, cukrų ir mieles.
Įpilkite šilto vandens ir maišykite, kol susidarys tešla.
Minkykite tešlą ant lengvai miltais pabarstyto paviršiaus
apie 5 minutes iki vientisos ir elastingos masės.
Padalinkite tešlą į vienodo dydžio gabalėlius ir kiekvieną
gabalėlį susukite į ilgą virvę.
Suformuokite virves į kliņgerus, sukryžiavę galus vienas
per kitą ir paspausdami ant apatinės kreivės.
Įkaitinkite orkaitę iki 425°F (220°C).

Dideliame puode užvirinkite vandenį. Įpilkite kepimo sodos.

Virkite kliņgerus po vieną ar du apie 30 sekundžių. Išimkite
juos kiaurasamčiu ir padėkite ant kepimo popieriumi
išklotos skardos.
Pabarstykite kliņgerus stambia druska.
Kepkite įkaitintoje orkaitėje apie 12-15 minučių arba iki
auksinės rudos spalvos.
Išimkite iš orkaitės ir prieš patiekdami leiskite jiems šiek
tiek atvėsti.

39.Grikių pyragaičiai

INGRIDIENTAI:

2 stiklinės grikių miltų
1 puodelis universalių miltų
2 arbatinius šaukštelius druskos
1 arbatinis šaukštelis cukraus
1 ¼ puodelio šilto vandens
2 ¼ arbatinio šaukštelio tirpių mielių
Rupi druska pabarstymui

INSTRUKCIJOS:

Dubenyje sumaišykite grikių miltus, universalius miltus, druską, cukrų, mieles ir šiltą vandenį. Maišykite, kol susidarys tešla.

Minkykite tešlą ant lengvai miltais pabarstyto paviršiaus apie 5 minutes iki vientisos ir elastingos masės.

Padalinkite tešlą į vienodo dydžio gabalėlius ir kiekvieną gabalėlį susukite į ilgą virvę.

Suformuokite virves į kliņģerus, sukryžiavę galus vienas per kitą ir paspausdami ant apatinės kreivės.

Įkaitinkite orkaitę iki 425°F (220°C).

Ant kepimo skardos, išklotos kepimo popieriumi, dėkite kliņģerus.

Pabarstykite kliņģerus stambia druska.

Kepkite įkaitintoje orkaitėje apie 12-15 minučių arba iki auksinės rudos spalvos.

Išimkite iš orkaitės ir prieš patiekdami leiskite jiems šiek tiek atvėsti.

40.Šokoladu dengti karamele panardinti pusgaminiai

INGRIDIENTAI:

- Pretzel šaknys
- 1 stiklinė karamelės (išpakuota)
- 1 puodelis šokolado drožlių
- Įvairūs priedai (pvz., pabarstukai, grūsti riešutai)

INSTRUKCIJOS:

a) Kepimo skardą išklokite kepimo popieriumi.

b) Karameles ištirpinkite mikrobangų krosnelėje tinkamame dubenyje pagal pakuotės nurodymus.

c) Kiekvieną klinšo šaknį pamerkite į ištirpusią karamelę, leiskite pertekliui nuvarvėti. Ant paruoštos kepimo skardos išdėliokite karamele padengtus kliņģerus.

d) Kepimo skardą padėkite į šaldytuvą maždaug 15 minučių, kad sustingtų karamelė.

e) Kitame mikrobangų krosnelėje tinkamame dubenyje ištirpinkite šokolado drožles mikrobangų krosnelėje, maišydami kas 30 sekundžių iki vientisos masės.

f) Kiekvieną karamele padengtą klinšo lazdelę pamerkite į ištirpintą šokoladą, kad nuvarvėtų perteklius.

g) Kol šokoladas dar šlapias, iš karto pabarstykite pasirinktais priedais.

h) Šokolade pamirkytus kliņģerus dėkite atgal ant kepimo skardos ir šaldykite, kol šokoladas sustings.

i) Sustingus išimkite iš šaldytuvo ir patiekite.

INGRIDIENTAI:

- 2 ¼ puodeliai universalių miltų
- 1 arbatinis šaukštelis druskos
- 1 valgomasis šaukštas cukraus
- 2 ¼ arbatinio šaukštelio tirpių mielių
- 1 puodelis šilto vandens
- 2 šaukštai kepimo sodos
- 1 puodelis tarkuoto sūrio (ąžuolo, čedaro, Gruyere)
- Dižono garstyčios patiekimui

INSTRUKCIJOS:

a) Dideliame dubenyje sumaišykite universalius miltus, druską, cukrų ir greitai paruošiamas mieles. Gerai ismaisyti.

b) Į sausus ingredientus įpilkite šilto vandens ir maišykite, kol susidarys tešla.

c) Tešlą perkelkite ant miltais pabarstyto paviršiaus ir minkykite apie 5 minutes, kol ji taps lygi ir elastinga. Šiam veiksmui taip pat galite naudoti stovą maišytuvą su tešlos kablio priedu.

d) Tešlą sudėkite į riebalais išteptą dubenį ir uždenkite švariu virtuviniu rankšluosčiu. Leiskite pakilti šiltoje vietoje apie 1 valandą arba kol padvigubės.

e) Įkaitinkite orkaitę iki 425°F (220°C) ir kepimo skardą išklokite pergamentiniu popieriumi.

f) Sekliame inde sumaišykite kepimo soda ir šiltą vandenį, kad gautumėte tirpalą.

g) Kai tešla pakils, sumuškite ją žemyn, kad išsiskirtų oras. Padalinkite ji į 12 lygių dalių.

h) Paimkite vieną tešlos dalį ir iškočiokite ją į ilgą, maždaug 20 colių (50 cm) ilgio virvę.

i) Suformuokite tešlą į klingerį, suformuodami U formą, sukryžiuodami galus vienas per kitą, tada juos apsukdami ir prispauskite prie U formos apačios.

j) Kiekvieną klingerį pamerkite į kepimo sodos tirpalą, užtikrindami, kad abi pusės būtų padengtos. Šis žingsnis suteikia klinšams būdingą kramtomąją tekstūrą.

k) Pamirkytus klingerus dėkite ant paruoštos kepimo skardos.

l) Pabarstykite gausiai susmulkinto sūrio ant kiekvieno klingero, švelniai paspauskite, kad priliptų prie tešlos.

m) Kepkite klingerus įkaitintoje orkaitėje apie 12-15 minučių arba kol pasidarys auksinės rudos spalvos, o sūris išsilydys ir pradės burbuliuoti.

n) Išimkite klingerus iš orkaitės ir prieš patiekdami leiskite šiek tiek atvėsti.

o) Sūrį ir Dižono pyragus patiekite šiltus su Dižono garstyčių šonu, kad pamirkytumėte.

42.Šokoladiniai migdolų pyragaičiai

INGRIDIENTAI:

Pretzel šaknys
1 puodelis šokolado drožlių
½ puodelio kapotų migdolų

INSTRUKCIJOS:

a) Kepimo skardą išklokite kepimo popieriumi.
b) Ištirpinkite šokolado drožles mikrobangų krosnelėje tinkamame dubenyje, maišydami kas 30 sekundžių iki vientisos masės.
c) Kiekvieną klinšo lazdelę pamerkite į ištirpintą šokoladą, kad nuvarvėtų perteklius.
d) Šokolade pamirkytus kliņģerus iš karto apvoliokite smulkintuose migdoluose, lengvai paspausdami, kad priliptų.
e) Ant paruoštos kepimo skardos dėkite šokoladinius migdolinius kliņģerus.
f) Leiskite šokoladui sustingti kambario temperatūroje arba padėkite kepimo skardą į šaldytuvą, kad greičiau sukietėtų.
g) Sustingus išimkite iš šaldytuvo ir patiekite.

43.Šokoladiniai pyragaičiai

INGRIDIENTAI:

1 puodelis sviesto, suminkštintas
1 puodelis granuliuoto cukraus
1 puodelis rudojo cukraus
2 dideli kiaušiniai
2 arbatiniai šaukšteliai vanilės ekstrakto
2 ½ stiklinės universalių miltų
½ puodelio nesaldintos kakavos miltelių
1 arbatinis šaukštelis kepimo sodos
½ arbatinio šaukštelio druskos
2 puodeliai susmulkintų riestainių
1 puodelis šokolado drožlių

INSTRUKCIJOS:

Įkaitinkite orkaitę iki 350°F (175°C). Kepimo skardas iškloti kepimo popieriumi.

Dideliame dubenyje sutrinkite sviestą, granuliuotą cukrų ir rudąjį cukrų iki šviesios ir purios masės.

Po vieną įmuškite kiaušinius, kiekvieną kartą gerai išplakdami. Įmaišykite vanilės ekstraktą.

Atskirame dubenyje sumaišykite miltus, kakavos miltelius, soda ir druską.

Palaipsniui į sviesto mišinį supilkite sausus ingredientus ir maišykite, kol gerai susimaišys.

Sulenkite susmulkintus klingerus ir šokolado drožles.

Suapvalintus šaukštus tešlos uždėkite ant paruoštų kepimo skardų, maždaug 2 colių atstumu vienas nuo kito.

Kepkite įkaitintoje orkaitėje 10-12 minučių arba kol sustings krašteliai.

Išimkite iš orkaitės ir leiskite sausainiams kelias minutes atvėsti ant kepimo skardos, prieš perkeldami ant grotelių, kad visiškai atvėstų.

44.Šokoladu pamirkyti riestainiai

INGRIDIENTAI:

Pretzel posūkiai arba šaknys

1 puodelis šokolado drožlių (pieninio, juodojo arba baltojo šokolado)

Įvairūs priedai (pvz., pabarstukai, susmulkinti riešutai, susmulkintas kokosas)

INSTRUKCIJOS:

Kepimo skardą išklokite kepimo popieriumi.

Ištirpinkite šokolado drožles mikrobangų krosnelėje tinkamame dubenyje, maišydami kas 30 sekundžių iki vientisos masės.

Kiekvieną klinģerį pamerkite į ištirpintą šokoladą, kad nuvarvėtų perteklius.

Ant paruoštos kepimo skardos dėkite šokoladu pamirkytus klinģerus.

Kol šokoladas dar šlapias, iš karto pabarstykite pasirinktais priedais.

Kepimo skardą dėkite į šaldytuvą maždaug 15-20 minučių, kad šokoladas sustingtų.

Kai šokoladas sustings, išimkite iš šaldytuvo ir patiekite.

45.Česnakinių žolelių riestainiai

INGRIDIENTAI:

2 ¼ puodeliai universalių miltų
1 arbatinis šaukštelis druskos
1 valgomasis šaukštas cukraus
2 ¼ arbatinio šaukštelio tirpių mielių
1 puodelis šilto vandens
2 šaukštai kepimo sodos
1/4 stiklinės nesūdyto sviesto, lydyto
2 skiltelės česnako, susmulkintos
1 valgomasis šaukštas smulkiai pjaustytų šviežių žolelių
(ąžuolo, petražolių, čiobrelių, rozmarinų)

INSTRUKCIJOS:

a) Dideliame dubenyje sumaišykite universalius miltus, druską, cukrų ir greitai paruošiamas mieles. Gerai ismaisyti.

b) Į sausus ingredientus įpilkite šilto vandens ir maišykite, kol susidarys tešla.

c) Tešlą perkelkite ant miltais pabarstyto paviršiaus ir minkykite apie 5 minutes, kol ji taps lygi ir elastinga. Šiam veiksmui taip pat galite naudoti stovą maišytuvą su tešlos kablio priedu.

d) Tešlą sudėkite į riebalais išteptą dubenį ir uždenkite švariu virtuviniu rankšluosčiu. Leiskite pakilti šiltoje vietoje apie 1 valandą arba kol padvigubės.

e) Įkaitinkite orkaitę iki 425°F (220°C) ir kepimo skardą išklokite pergamentiniu popieriumi.

f) Sekliame inde sumaišykite kepimo soda ir šiltą vandenį, kad gautumėte tirpalą.

g) Kai tešla pakils, sumuškite ją žemyn, kad išsiskirtų oras. Padalinkite ją į 12 lygių dalių.

h) Paimkite vieną tešlos dalį ir iškočiokite ją į ilgą, maždaug 20 colių (50 cm) ilgio virvę.

i) Suformuokite tešlą į kliņģerį, suformuodami U formą, sukryžiuodami galus vienas per kitą, tada juos apsukdami ir prispauskite prie U formos apačios.

j) Kiekvieną kliņģerį pamerkite į kepimo sodos tirpalą, užtikrindami, kad abi pusės būtų padengtos. Šis žingsnis suteikia klinšams būdingą kramtomąją tekstūrą.

k) Pamirkytus kliņģerus dėkite ant paruoštos kepimo skardos.

l) Nedideliame dubenyje sumaišykite lydytą sviestą, smulkintą česnaką ir susmulkintas šviežias žoleles.

m) Sviesto ir žolelių mišiniu gausiai ištepkite kiekvieną kliņģerį, kad visi paviršiai būtų padengti.

n) Kepkite kliņģerus įkaitintoje orkaitėje apie 12-15 minučių arba kol pasidarys auksinės spalvos.

o) Išimkite kliņģerus iš orkaitės ir prieš patiekdami leiskite šiek tiek atvėsti.

46.Jalebis

INGRIDIENTAI:

- 1 puodelis universalių miltų
- 1 valgomasis šaukštas manų kruopų
- 1 arbatinis šaukštelis kepimo miltelių
- 1/2 puodelio natūralaus jogurto
- 1/2 stiklinės šilto vandens
- 1 arbatinis šaukštelis šafrano sruogų (nebūtina)
- Aliejus kepimui
- Sirupui:
- 1 puodelis cukraus
- 1/2 stiklinės vandens
- 1/2 arbatinio šaukštelio kardamono miltelių
- Keletas šafrano sruogų (nebūtina)

INSTRUKCIJOS:

a) Dubenyje sumaišykite universalius miltus, manų kruopas ir kepimo miltelius.

b) Atskirame mažame dubenyje ištirpinkite šafrano sruogas šiltame vandenyje.

c) Į sausus ingredientus įpilkite jogurto ir šafrano vandens ir gerai išmaišykite, kad susidarytų vientisa tešla. Konsistencija turi būti tiršta, bet liejama.

d) Uždenkite dubenį švaria šluoste ir palikite tešlą bent 30 minučių.

e) Tuo tarpu paruoškite sirupą, sumaišydami cukrų ir vandenį puode. Užvirinkite ir virkite apie 5 minutes, kol cukrus ištirps ir sirupas šiek tiek sutirštės. Jei norite, pridėkite kardamono miltelių ir šafrano sruogelių. Nukelkite nuo ugnies ir atidėkite atvėsti.

f) Gilioje keptuvėje ar puode įkaitinkite aliejų kepimui.

g) Tešla užpildykite vamzdžių maišelį su mažu apvaliu antgaliu.

h) Supilkite tešlą spiralės arba klinšo formos tiesiai į karštą aliejų. Kepkite iš abiejų pusių iki auksinės rudos spalvos.

i) Iškeptus jalebis išimkite iš aliejaus ir supilkite tiesiai į paruoštą sirupą. Leiskite jiems mirkyti minutę ar dvi, tada išimkite ir padėkite ant serviravimo lėkštės.

j) Jalebis patiekite šiltą arba kambario temperatūros.

47.Kranšeliai (danų pyrago formos duona)

INGRIDIENTAI:

- 2 1/4 puodelių universalių miltų
- 2 šaukštai granuliuoto cukraus
- 1 arbatinis šaukštelis momentinių mielių
- 1/2 arbatinio šaukštelio druskos
- 1/2 stiklinės pieno, drungno
- 2 šaukštai nesūdyto sviesto, lydyto
- 1 kiaušinis, sumuštas
- Užpilui:
- 1 kiaušinis, sumuštas
- Perlinis cukrus arba rupus cukrus pabarstymui

INSTRUKCIJOS:

a) Dideliame dubenyje sumaišykite miltus, cukrų, greitas mieles ir druską.

b) Į sausus ingredientus supilkite drungną pieną, ištirpintą sviestą ir išplaktą kiaušinį. Maišykite, kol tešla susimaišys.

c) Tešlą perkelkite ant lengvai miltais pabarstyto paviršiaus ir minkykite apie 5-7 minutes iki vientisos ir elastingos masės.

d) Tešlą dėkite atgal į dubenį, uždenkite švaria šluoste ir palikite šiltoje vietoje kilti apie 1 valandą arba kol padvigubės.

e) Įkaitinkite orkaitę iki 375 ° F (190 ° C). Kepimo skardą išklokite kepimo popieriumi.

f) Padalinkite tešlą į 6 lygias dalis. Kiekvieną gabalėlį susukite į ilgą, maždaug 20 colių ilgio virvę.

g) Iš kiekvienos virvelės suformuokite į klinģerinį mazgą, sukryžiuokite galus vienas per kitą ir pakiškite juos po tešla.

h) Ant paruoštos kepimo skardos dėkite suformuotus kliŋģerus. Aptepkite juos plaktu kiaušiniu ir pabarstykite perliniu cukrumi arba stambiu cukrumi.

i) Kepkite įkaitintoje orkaitėje apie 12-15 minučių arba iki auksinės rudos spalvos.

j) Išimkite iš orkaitės ir prieš patiekdami leiskite jiems šiek tiek atvėsti.

48.Neujahrspretzel (Naujųjų metų pyragaičiai)

INGRIDIENTAI:

4 puodeliai universalių miltų
1 arbatinis šaukštelis druskos
1 valgomasis šaukštas cukraus
2 1/4 arbatinio šaukštelio tirpių mielių
1 1/2 puodelio drungno pieno
1/4 stiklinės nesūdyto sviesto, lydyto
Rupi druska pabarstymui

INSTRUKCIJOS:

a) Dubenyje sumaišykite miltus, druską, cukrų ir greitas mieles.

b) Į sausus ingredientus supilkite drungną pieną ir ištirpintą sviestą. Maišykite, kol tešla susimaišys.

c) Tešlą perkelkite ant lengvai miltais pabarstyto paviršiaus ir minkykite apie 5-7 minutes iki vientisos ir elastingos masės.

d) Tešlą dėkite atgal į dubenį, uždenkite švaria šluoste ir palikite šiltoje vietoje kilti apie 1 valandą arba kol padvigubės.

e) Įkaitinkite orkaitę iki 400°F (200°C). Kepimo skardą išklokite kepimo popieriumi.

f) Padalinkite tešlą į 8 lygias dalis. Kiekvieną gabalėlį susukite į ilgą, maždaug 20 colių ilgio virvę.

g) Iš kiekvienos virvės suformuokite klinģerį, sukryžiavę galus vienas per kitą ir paspausdami ant apatinės kreivės. Pakartokite su likusia tešla.

h) Ant paruoštos kepimo skardos dėkite suformuotus klinģerus. Pabarstykite stambia druska.

i) Kepkite įkaitintoje orkaitėje apie 15-18 minučių arba iki auksinės rudos spalvos.

j) Išimkite iš orkaitės ir prieš patiekdami leiskite jiems šiek tiek atvėsti.

49.Senas kaimiškas pasukų prieškas

INGRIDIENTAI:

- 3 puodeliai universalių miltų
- 1 valgomasis šaukštas cukraus
- 2 1/4 arbatinio šaukštelio tirpių mielių
- 1 arbatinis šaukštelis druskos
- 1 puodelis pasukų
- 1/4 stiklinės nesūdyto sviesto, lydyto
- Rupi druska pabarstymui

INSTRUKCIJOS:

Dubenyje sumaišykite miltus, cukrų, greitas mieles ir druską.

Į sausus ingredientus sudėkite pasukas ir lydytą sviestą. Maišykite, kol tešla susimaišys.

Tešlą perkelkite ant lengvai miltais pabarstyto paviršiaus ir minkykite apie 5-7 minutes iki vientisos ir elastingos masės.

Tešlą dėkite atgal į dubenį, uždenkite švaria šluoste ir palikite šiltoje vietoje kilti apie 1 valandą arba kol padvigubės.

Įkaitinkite orkaitę iki 425°F (220°C). Kepimo skardą išklokite kepimo popieriumi.

Padalinkite tešlą į 12 lygių dalių. Kiekvieną gabalėlį susukite į ilgą, maždaug 20 colių ilgio virvę.

Iš kiekvienos virvės suformuokite kliŋģerį, sukryžiavę galus vienas per kitą ir paspausdami ant apatinės kreivės. Pakartokite su likusia tešla.

Ant paruoštos kepimo skardos dėkite suformuotus kliŋģerus. Pabarstykite stambia druska.

Kepkite įkaitintoje orkaitėje apie 12-15 minučių arba iki auksinės rudos spalvos.

Išimkite iš orkaitės ir prieš patiekdami leiskite jiems šiek tiek atvėsti.

50.Alyvuogių ir česnakų pyragaičiai

INGRIDIENTAI:

2 1/4 puodelių universalių miltų
1 arbatinis šaukštelis druskos
1 valgomasis šaukštas cukraus
2 1/4 arbatinio šaukštelio tirpių mielių
1 puodelis šilto vandens
2 šaukštai kepimo sodos
1/4 stiklinės nesūdyto sviesto, lydyto
1/4 puodelio be kauliukų ir kapotų alyvuogių
2 skiltelės česnako, susmulkintos
Rupi druska pabarstymui

INSTRUKCIJOS:

Dubenyje sumaišykite miltus, druską, cukrų ir greitas mieles.

Į sausus ingredientus įpilkite šilto vandens ir ištirpinto sviesto. Maišykite, kol tešla susimaišys.

Tešlą perkelkite ant lengvai miltais pabarstyto paviršiaus ir minkykite apie 5-7 minutes iki vientisos ir elastingos masės.

Tešlą dėkite atgal į dubenį, uždenkite švaria šluoste ir palikite šiltoje vietoje kilti apie 1 valandą arba kol padvigubės.

Įkaitinkite orkaitę iki 425°F (220°C). Kepimo skardą išklokite kepimo popieriumi.

Padalinkite tešlą į 12 lygių dalių. Kiekvieną gabalėlį susukite į ilgą, maždaug 20 colių ilgio virvę.

Nedideliame dubenyje sumaišykite pjaustytas alyvuoges ir smulkintą česnaką.

Kiekvieną tešlos virvelę šiek tiek išlyginkite ir per visą tešlos ilgį paskleiskite po šaukštą alyvuogių ir česnakų mišinio.

Tešlą vėl iškočiokite į virvelę ir suformuokite pusgaminį, sukryžiavę galus vienas per kitą ir paspausdami prie apatinės kreivės. Pakartokite su likusia tešla.

Ant paruoštos kepimo skardos dėkite suformuotus klinģerus. Pabarstykite stambia druska.

Kepkite įkaitintoje orkaitėje apie 12-15 minučių arba iki auksinės rudos spalvos.

Išimkite iš orkaitės ir prieš patiekdami leiskite jiems šiek tiek atvėsti.

51.Jogurtu aplieti pyragaičiai

INGRIDIENTAI:

- Pretelio lazdelės arba klinšo suktukai
- graikiškas jogurtas (paprastas arba aromatizuotas)
- Pabarstukai arba spalvotas cukrus (nebūtina)

INSTRUKCIJOS:

a) Kepimo skardą išklokite kepimo popieriumi.

b) Į graikišką jogurtą įmerkite kliņģerus, aptepdami iki pusės.

c) Ant paruoštos kepimo skardos dėkite jogurtu apteptus kliņģerus.

d) Jei norite, jogurto dangą pabarstykite pabarstukais arba spalvotu cukrumi.

e) Kepimo skardą dėkite į šaldytuvą maždaug 30 minučių arba kol jogurtas sukietės.

f) Kai sukietėja, supakuokite jogurtu aplietus kliņģerus į priešpiečių dėžutę.

CHURROS

INGRIDIENTAI:

- $\frac{1}{4}$ puodelio sviesto arba margarino,
- Supjaustykite mažais gabalėliais
- $\frac{1}{8}$ arbatinio šaukštelio druskos
- $1\frac{1}{4}$ puodelio universalių miltų, išsijotų
- 3 Kiaušiniai
- $\frac{1}{4}$ arbatinio šaukštelio vanilės ekstrakto
- Salotų aliejus giliam kepimui
- $\frac{1}{2}$ arbatinio šaukštelio cinamono
- $\frac{1}{2}$ stiklinės cukraus

INSTRUKCIJOS:

a) Vidutiniame puode sumaišykite sviestą su $\frac{1}{2}$ puodelio vandens. Maišykite ant silpnos ugnies, kol sviestas ištirps. Užvirinkite; įberkite druskos, nukelkite nuo ugnies.

b) Iš karto suberkite miltus; labai stipriai plakti mediniu šaukštu. ant silpnos ugnies plakame iki labai vientisos masės – apie 2 minutes. Nuimkite nuo ugnies; šiek tiek atvėsinkite. Po vieną įmuškite kiaušinius, gerai išplakdami po kiekvieno pridėjimo. Pridėti vanilės.

c) Tęskite plakimą, kol mišinys įgaus į satiną panašų blizgesį.

d) Tuo tarpu gilioje keptuvėje arba gruzdintuvėje lėtai įkaitinkite salotų aliejų (mažiausiai 1–$\frac{1}{2}$ colio) iki 380*F ant gilaus kepimo termometro. Spurgų mišinį išspauskite per didelį konditerinį maišelį su dideliu, 1,5 colio pločio, riestu antgaliu. Drėgnomis žirklėmis supjaustykite tešlą 2 colių ilgio gabalėliais, kai ji krenta į karštą aliejų.

e) Kepkite giliai, po kelias, po 2 minutes iš kiekvienos pusės arba iki auksinės rudos spalvos. Iškelkite kiaurasamčiu; gerai nusausinkite ant popierinių rankšluosčių.

f) Tuo tarpu vidutiniame dubenyje sumaišykite cinamoną ir cukrų. Supilkite nusausintas spurgas į cukraus mišinį, kad gerai pasidengtų. Patiekite šiltą.

53.Cinamono churros

INGRIDIENTAI:

- $\frac{1}{4}$ puodelio sviesto
- 1 puodelis cukraus
- 1 valgomasis šaukštas cukraus
- $\frac{1}{2}$ puodelio baltų kukurūzų miltų
- $\frac{1}{2}$ stiklinės miltų
- po 3 didelius kiaušinius
- 2 arbatinius šaukštelius cinamono

INSTRUKCIJOS:

a) Vidutiniame puode iki virimo įkaitinkite sviestą su 1 šaukštu cukraus, $\frac{1}{2}$ arbatinio šaukštelio druskos ir 1 stikline vandens. nuimkite keptuvę nuo ugnies; iš karto suberkite kukurūzų miltus ir miltus. ant silpnos ugnies,

b) Virkite mišinį nuolat maišydami, kol tešla suformuos rutulį, maždaug 1 minutę. po vieną įmuškite kiaušinius, po kiekvieno įdėjimo stipriai plakdami, kol tešla taps vientisa. kepimo skardą iškloti popieriniais rankšluosčiais.

c) Popieriniame maišelyje arba dideliame dubenyje sumaišykite likusį cukrų su cinamonu. gilioje, sunkioje keptuvėje arba olandiškoje orkaitėje įkaitinkite 3 colius salotų aliejaus iki 375 laipsnių f. šaukšto tešlą sudėkite į konditerinį maišelį su 6 antgaliu. supilkite 5 colių ilgio tešlą į karštą aliejų.

d) Kepkite, kol apskrus iš abiejų pusių, maždaug po 1,5 minutės iš kiekvienos pusės. kiaurasamčiu išimkite churros iš aliejaus ir padėkite ant kepimo skardos. kol dar karšta, sudėkite į maišelį ir aptepkite cinamono-cukraus mišiniu. patiekite iš karto.

54.Churros ir šokoladas

INGRIDIENTAI:

- 2 puodeliai Miltų
- 2 šaukštai Cukrus
- 1 arbatinis šaukštelis cinamono
- 3 puodeliai Vandens
- $\frac{1}{4}$ puodelio aukščiausios kokybės pirmojo spaudimo alyvuogių aliejaus plius
- 3 puodeliai
- $\frac{1}{2}$ puodelio labai smulkaus cukraus

INSTRUKCIJOS:

a) Dideliame dubenyje sumaišykite miltus, cukrų ir cinamoną. Įpilkite vandens į 6 litrų puodą, įpilkite $\frac{1}{4}$ puodelio aliejaus ir greitai užvirkite. Miltų mišinį vienu šūviu supilkite į puodą, nukelkite nuo ugnies ir maišykite iki vientisos masės. Uždenkite plastikine plėvele ir palikite atvėsti pusvalandį.

b) Įkaitinkite aliejų iki 375 laipsnių F.

c) Įdėkite tešlą į konditerinį maišelį su dideliu 6–8 taškų antgaliu ir supilkite į karšto aliejaus 6 colių ilgio gabalus. Kepkite iš abiejų pusių iki auksinės rudos spalvos.

d) Išimkite, nusausinkite ant popierinių rankšluosčių ir dar šiltą pabarstykite itin smulkiu cukrumi.

55.Gysločiai   Churro p

INGRIDIENTAI:

- 3 Gysločiai – nulupti
- Citrinos sulčių
- 4 Kiaušiniai
- $\frac{1}{4}$ puodelio Miltų
- $\frac{1}{2}$ arbatinio šaukštelio druskos

INSTRUKCIJOS:

a) Bananus nulupkite ir perpjaukite išilgai. Kiekvieną gabalėlį perpjaukite per pusę ir pamerkite į citrinos sultis.

b) Norėdami pagaminti tešlą, išplakite kiaušinių trynius iki tirštos ir šviesios masės.

c) Suberkite miltus ir druską.

d) Kiaušinių baltymus išplakite iki standžių putų, o ne sausus, ir įmaišykite į trynius.

e) Nusausintus bananų gabalėlius po vieną sumeskite į tešlą.

f) Surinkite kiaurasamčiu ir švelniai įdėkite į karštą aliejų sunkioje keptuvėje (aliejus maždaug 1 colio gylyje).

g) Virkite ant vidutinės ugnies, beveik iš karto apverskite. Kepkite, kol apskrus iš abiejų pusių.

h) Nusausinkite ant popierinių rankšluosčių.

56.Red Velvet ispany churros

INGRIDIENTAI:

- 1 puodelis vandens
- 1/4 puodelio nesūdyto sviesto
- 1 šaukštas granuliuoto cukraus
- 1/4 šaukštelio druskos
- 1 puodelis universalių miltų
- 1 didelis kiaušinis
- Augalinis aliejus, skirtas kepti
- Dengimui
- 1/2 puodelio granuliuoto cukraus
- 3/4 šaukštelio malto cinamono

INSTRUKCIJOS:

a) Į dubenį suberkite miltus, druską, miltus ir išplakite, kad susimaišytų

b) Į keptuvę įpilkite sviesto ir ištirpinkite, įpilkite vandens ir leiskite užvirti

c) Įpilkite raudonos maisto spalvos. Sudėkite miltų mišinį

d) Suberkite miltus, sumažinkite ugnį iki vidutinės ir virkite bei nuolat maišydami mediniu šaukštu, kol mišinys pradės tirti

e) Įpilkite pusę išplakto kiaušinio ir pieno, kol gerai susimaišys

f) Sudėkite likusius išplaktus kiaušinius ir išmaišykite iki vientisos masės ir gerai susimaišys

g) Idealiu atveju naudokite maišelį su paleidimo antgaliu, kad sukurtumėte autentiškus ispaniškus churros. Aš neturėjau vamzdžio maišelio, todėl improvizavau su plastikiniu pjūviu gale. Naudokite stiklinę ir įdėkite maišelį į vidų, įdėkite tešlą į maišelį, kol jis prisipildys

h) Supilkite tešlą į įkaitintą aliejų. Kepimo žirklėmis nupjaukite norimą ilgį

i) Į aliejų įdėkite keletą churros tešlos ir kepkite iki auksinės rudos spalvos ir traškios. Į keptuvę įpilkite cukraus, suberkite cinamoną ir gerai išmaišykite

j) Įmerkite churros į cukraus cinamono mišinį ir susukite, kol pasidengs tolygiai

k) Traškus išorėje, bet toks purus minkštas viduje

57.San Diablo Artisan Churros

INGRIDIENTAI:

- 1 puodelis vandens
- 2 uncijos. nesūdytas sviestas
- 1 puodelis aukštos kokybės kepinių miltų
- 3/4 šaukštelio. druskos
- 1 didelis kiaušinis
- 1 arbatinis šaukštelis vanilės

INSTRUKCIJOS:

a) Į puodą įpilkite vandens ir sviesto ir užvirinkite, įsitikinkite, kad sviestas visiškai ištirps.

b) Į puodą su vandeniu/sviestu suberkite miltus ir druską, palikite ant ugnies ir intensyviai maišykite, kol neliks miltų gumulėlių ir tešla taps panaši į rutulį. Nuimkite šilumą.

c) Įdėkite karštą tešlą į standartinį maišytuvo dubenį, maišykite su mentelės priedu ant žemos temperatūros ir leiskite garams išeiti ir tešla.

d) Kol tešla leidžiasi garams, atskirame dubenyje sumaišykite kiaušinį ir vanilę.

e) Į tešlą įpilkite kiaušinių mišinio ir pagreitinkite maišytuvą.

f) Jei tešla per daug limpa prie maišytuvo šonų: sustabdykite maišytuvą, nubraukite šonus ir mentę, kartokite tol, kol tešla taps lygi ir konsistencija panaši į tešlą.

g) Tešlą dėkite į šaldytuvą atvėsti apie 10 minučių.

h) Kai tešla atvės, galite gaminti skanius churros! Įdėkite tešlą į savo San Diablo Churro Maker arba vamzdžių maišelį ir laikykite šaldytuve vėliau.

i) Įkaitinkite aliejų gruzdintuvėje arba keptuvėje iki 375°F/190°C su maždaug 2 coliais aliejaus.

j) Lėtai pasukite San Diablo Churro gamintojo rankenėlę žemyn, kad išspaustumėte churro tešlą per antgalį. Arba perbraukite churro tešlą per maišelį. Per antgalį išspaudę norimą churro tešlos kiekį nupjaukite sviestiniu peiliu arba pirštu.

k) Kiekvieną neapdorotą churro švelniai įdėkite į karštą aliejų. Prašau būk atsargus! Kad išvengtumėte karšto aliejaus purslų, neabejotinai rekomenduojame „Churro Maker" pakreipti vertikaliai ir arti (bet ne per arti) prie karšto aliejaus paviršiaus.

l) Stebėkite, kaip churros kepa karštame aliejuje ir pasukite metalinėmis žnyplėmis, kad visas churro būtų idealus aukso rudos spalvos traškumas (paprastai 3-4 minutes).

m) Metalinėmis žnyplėmis išimkite karštus, šviežius churro meno kūrinius iš karšto aliejaus arba oro gruzdintuvės ir atvėsinkite ant paruoštos lėkštės.

n) Kai jūsų churros šiek tiek atvės, bet vis dar šiltos, pabarstykite jas norimu San Diablo cinamono cukraus kiekiu.

o) Užpildykite pagal savo skonį naudodami išspaudžiamą buteliuką arba vieną iš San Diablo daugkartinio užpildymo buteliukų su Dulce de Leche, Nutella arba Sweet Cream.

58.Keptas Churros

INGRIDIENTAI:

- 1 puodelis (8 uncijos / 225 g) vandens
- 1/2 puodelio (4 uncijos / 113 g) sviesto
- 1/2 šaukštelio vanilės ekstrakto
- 2 šaukštai cukraus
- 1/4 šaukštelio druskos
- 143 g paprastų miltų / universalių miltų
- 3 kiaušiniai (kambario temperatūros)

INSTRUKCIJOS:

a) Įkaitinkite orkaitę iki 400°F (200°C). Linijinis pergamentinis popierius; atidėti.

b) Į vidutinį puodą supilkite vandenį, cukrų, druską ir sviestą.

c) Padėkite ant vidutinės-stiprios ugnies.

d) Kaitinkite, kol sviestas ištirps ir mišinys pradės virti.

e) Kai tik užvirs, suberkite miltus.

f) Plakite, kol neliks miltų gumuliukų ir susidarys tešlos rutuliukas.

g) Dabar, naudodami medinį šaukštą, išmaišykite tešlą aplink puodą ir virkite maždaug minutę ant LEMOS ugnies.

h) Mišinys sulips ir atsitrauks nuo šonų

i) Naudodami medinį šaukštą įpilkite šiek tiek kiaušinių mišinio į tešlą. Išmaišykite ir sutrinkite, sulaužydami tešlą, kol ji atsilaisvins. Gerai išmaišykite, kol įmuš kiaušinius ir mišinys atrodys kaip bulvių košė.

j) Toliau dėkite kiaušinius, kol sumaišysite

k) Padarykite tai lėtai spausdami maišelį ir vamzdelius, pjaustydami naudokite žirkles.

l) Palikite apie 2 colius tarpo tarp churros.

m) Kepkite apie 18-22 minutes arba iki auksinės rudos spalvos.

n) Tada išjunkite orkaitę ir palikite juos ten 10 minučių, kad šiek tiek išdžiūtų. Šis veiksmas padeda jiems išlaikyti formą ir nesuploti, kai atvės.

o) Tiesiog padarykite tai minutę :), tada nukelkite nuo ugnies ir atidėkite į šalį.

p) Puode sumaišykite kiaušinius ir vanilę ir išplakite.

q) Perkelkite tešlą į maišelį su žvaigždėtu antgaliu.

r) Supilkite tešlą į ilgas churros ant pergamentu padengtų formų. Įsitikinkite, kad vamzdžiai yra gražūs ir stori.

s) Sumaišykite cukrų, cinamoną ir druską maišelyje su užtrauktuku.

t) Išimkite churros tiesiai iš orkaitės ir dėkite į mišinį, kol gerai apsems. Geriausia tai daryti, kai churros yra šiltos ir šviežios iš orkaitės.

u) Mėgaukitės savo naminiais churros.

59.Šokoladinis Churros

INGRIDIENTAI:

1 puodelis vandens
2 šaukštai cukraus
1/2 arbatinio šaukštelio druskos
2 šaukštai augalinio aliejaus
1 puodelis universalių miltų
Augalinis aliejus kepimui
1/4 stiklinės cukraus pudros (apdraudimui)
1/2 puodelio šokolado drožlių
1/4 puodelio riebios grietinėlės

INSTRUKCIJOS:

Puode sumaišykite vandenį, cukrų, druską ir augalinį aliejų. Mišinį užvirinkite.

Nuimkite puodą nuo ugnies ir suberkite miltus. Maišykite, kol susidarys tešlos rutulys.

Gilioje keptuvėje arba puode ant vidutinės ugnies įkaitinkite augalinį aliejų.

Perkelkite tešlą į maišelį su žvaigždute.

Supilkite tešlą į karštą aliejų, peiliu arba žirklėmis supjaustykite 4–6 colių ilgio gabalėliais.

Kepkite iki auksinės rudos spalvos iš visų pusių, retkarčiais apversdami.

Nuimkite churros iš aliejaus ir nusausinkite ant popierinio rankšluosčio.

Pabarstykite churros milteliniu cukrumi.

Mikrobangų krosnelėje tinkamame dubenyje sumaišykite šokolado drožles ir riebią grietinėlę. Mikrobangų krosnelėje kas 30 sekundžių, maišydami iki vientisos masės.

Patiekite churros su šokoladiniu padažu panardinimui.

60.Karamelės užpildyti Churros

INGRIDIENTAI:

1 puodelis vandens
2 šaukštai cukraus
1/2 arbatinio šaukštelio druskos
2 šaukštai augalinio aliejaus
1 puodelis universalių miltų
Augalinis aliejus kepimui
1/4 stiklinės cukraus (padengimui)
1 arbatinis šaukštelis malto cinamono (padengimui)
Paruoštas karamelinis padažas

INSTRUKCIJOS:

Puode sumaišykite vandenį, cukrų, druską ir augalinį aliejų. Mišinį užvirinkite.

Nuimkite puodą nuo ugnies ir suberkite miltus. Maišykite, kol susidarys tešlos rutulys.

Gilioje keptuvėje arba puode ant vidutinės ugnies įkaitinkite augalinį aliejų.

Perkelkite tešlą į maišelį su žvaigždute.

Supilkite tešlą į karštą aliejų, peiliu arba žirklėmis supjaustykite 4–6 colių ilgio gabalėliais.

Kepkite iki auksinės rudos spalvos iš visų pusių, retkarčiais apversdami.

Nuimkite churros iš aliejaus ir nusausinkite ant popierinio rankšluosčio.

Atskirame dubenyje sumaišykite cukrų ir cinamoną.

Churros apvoliokite cinamono cukraus mišinyje, kol pasidengs.

Naudodami švirkštą arba konditerinį maišelį, užpildykite churros paruoštu karamelės padažu.

Karamelės įdarytas churros patiekite šiltas.

61.Moliūgų prieskonių Churros

INGRIDIENTAI:

1 puodelis vandens
2 šaukštai cukraus
1/2 arbatinio šaukštelio druskos
2 šaukštai augalinio aliejaus
1 puodelis universalių miltų
1 arbatinis šaukštelis moliūgų prieskonių mišinio
Augalinis aliejus kepimui
1/4 stiklinės cukraus (padengimui)
1 arbatinis šaukštelis malto cinamono (padengimui)

INSTRUKCIJOS:

Puode sumaišykite vandenį, cukrų, druską ir augalinį aliejų. Mišinį užvirinkite.

Nukelkite puodą nuo ugnies ir suberkite miltų ir moliūgo prieskonių mišinį. Maišykite, kol susidarys tešlos rutulys.

Gilioje keptuvėje arba puode ant vidutinės ugnies įkaitinkite augalinį aliejų.

Perkelkite tešlą į maišelį su žvaigždute.

Supilkite tešlą į karštą aliejų, peiliu arba žirklėmis supjaustykite 4–6 colių ilgio gabalėliais.

Kepkite iki auksinės rudos spalvos iš visų pusių, retkarčiais apversdami.

Nuimkite churros iš aliejaus ir nusausinkite ant popierinio rankšluosčio.

Atskirame dubenyje sumaišykite cukrų ir cinamoną.

Churros apvoliokite cinamono cukraus mišinyje, kol pasidengs.

Moliūgų prieskonių churros patiekite šiltas su cukraus pudra.

62.Churros be glitimo

INGRIDIENTAI:

1 puodelis vandens

2 šaukštai cukraus

1/2 arbatinio šaukštelio druskos

2 šaukštai augalinio aliejaus

1 puodelis universalių miltų be glitimo

Augalinis aliejus kepimui

1/4 stiklinės cukraus (padengimui)

1 arbatinis šaukštelis malto cinamono (padengimui)

INSTRUKCIJOS:

Puode sumaišykite vandenį, cukrų, druską ir augalinį aliejų. Mišinį užvirinkite.

Nukelkite puodą nuo ugnies ir suberkite universalius miltus be glitimo. Maišykite, kol susidarys tešlos rutulys.

Gilioje keptuvėje arba puode ant vidutinės ugnies įkaitinkite augalinį aliejų.

Perkelkite tešlą į maišelį su žvaigždute.

Supilkite tešlą į karštą aliejų, peiliu arba žirklėmis supjaustykite 4–6 colių ilgio gabalėliais.

Kepkite iki auksinės rudos spalvos iš visų pusių, retkarčiais apversdami.

Nuimkite churros iš aliejaus ir nusausinkite ant popierinio rankšluosčio.

Atskirame dubenyje sumaišykite cukrų ir cinamoną.

Churros apvoliokite cinamono cukraus mišinyje, kol pasidengs.

Patiekite churros be glitimo šiltą su pasirinktu mirkymo padažu.

63.Nutella įdaryti Churros

INGRIDIENTAI:

1 puodelis vandens
2 šaukštai cukraus
1/2 arbatinio šaukštelio druskos
2 šaukštai augalinio aliejaus
1 puodelis universalių miltų
Augalinis aliejus kepimui
1/4 stiklinės cukraus (padengimui)
1 arbatinis šaukštelis malto cinamono (padengimui)
Nutella (arba bet kokia kita šokolado-lazdyno riešutų užtepėlė)

INSTRUKCIJOS:

Puode sumaišykite vandenį, cukrų, druską ir augalinį aliejų. Mišinį užvirinkite.

Nuimkite puodą nuo ugnies ir suberkite miltus. Maišykite, kol susidarys tešlos rutulys.

Gilioje keptuvėje arba puode ant vidutinės ugnies įkaitinkite augalinį aliejų.

Perkelkite tešlą į maišelį su žvaigždute.

Supilkite tešlą į karštą aliejų, peiliu arba žirklėmis supjaustykite 4–6 colių ilgio gabalėliais.

Kepkite iki auksinės rudos spalvos iš visų pusių, retkarčiais apversdami.

Nuimkite churros iš aliejaus ir nusausinkite ant popierinio rankšluosčio.

Atskirame dubenyje sumaišykite cukrų ir cinamoną.

Churros apvoliokite cinamono cukraus mišinyje, kol pasidengs.

Naudodami švirkštą arba konditerinį maišelį, užpildykite churros Nutella arba šokolado-lazdyno riešutų užtepu.

Patiekite „Nutella" įdarytas churros šiltas.

64.Churro ledų sumuštiniai

INGRIDIENTAI:

1 puodelis vandens

2 šaukštai cukraus

1/2 arbatinio šaukštelio druskos

2 šaukštai augalinio aliejaus

1 puodelis universalių miltų

Augalinis aliejus kepimui

1/4 stiklinės cukraus (padengimui)

1 arbatinis šaukštelis malto cinamono (padengimui)

Jūsų pasirinkti ledai

INSTRUKCIJOS:

Puode sumaišykite vandenį, cukrų, druską ir augalinį aliejų. Mišinį užvirinkite.

Nuimkite puodą nuo ugnies ir suberkite miltus. Maišykite, kol susidarys tešlos rutulys.

Gilioje keptuvėje arba puode ant vidutinės ugnies įkaitinkite augalinį aliejų.

Perkelkite tešlą į maišelį su žvaigždute.

Supilkite tešlą į karštą aliejų, peiliu arba žirklėmis supjaustykite 4–6 colių ilgio gabalėliais.

Kepkite iki auksinės rudos spalvos iš visų pusių, retkarčiais apversdami.

Nuimkite churros iš aliejaus ir nusausinkite ant popierinio rankšluosčio.

Atskirame dubenyje sumaišykite cukrų ir cinamoną.

Churros apvoliokite cinamono cukraus mišinyje, kol pasidengs.

Leiskite churros šiek tiek atvėsti.

Supjaustykite churros horizontaliai ir tarp dviejų pusių įdėkite kaušelį ledų.

Iš karto patiekite churro ledų sumuštinius.

65. Dulce de Leche Churros

INGRIDIENTAI:

1 puodelis vandens
2 šaukštai cukraus
1/2 arbatinio šaukštelio druskos
2 šaukštai augalinio aliejaus
1 puodelis universalių miltų
Augalinis aliejus kepimui
1/4 stiklinės cukraus (padengimui)
1 arbatinis šaukštelis malto cinamono (padengimui)
Paruošta dulce de leche

INSTRUKCIJOS:

Puode sumaišykite vandenį, cukrų, druską ir augalinį aliejų. Mišinį užvirinkite.

Nuimkite puodą nuo ugnies ir suberkite miltus. Maišykite, kol susidarys tešlos rutulys.

Gilioje keptuvėje arba puode ant vidutinės ugnies įkaitinkite augalinį aliejų.

Perkelkite tešlą į maišelį su žvaigždute.

Supilkite tešlą į karštą aliejų, peiliu arba žirklėmis supjaustykite 4–6 colių ilgio gabalėliais.

Kepkite iki auksinės rudos spalvos iš visų pusių, retkarčiais apversdami.

Nuimkite churros iš aliejaus ir nusausinkite ant popierinio rankšluosčio.

Atskirame dubenyje sumaišykite cukrų ir cinamoną.

Churros apvoliokite cinamono cukraus mišinyje, kol pasidengs.

Patiekite churros su paruoštu dulce de leche panardinimui.

66.Matcha Churros

INGRIDIENTAI:

1 puodelis vandens
2 šaukštai cukraus
1/2 arbatinio šaukštelio druskos
2 šaukštai augalinio aliejaus
1 puodelis universalių miltų
1 valgomasis šaukštas matcha miltelių
Augalinis aliejus kepimui
1/4 stiklinės cukraus (padengimui)

INSTRUKCIJOS:

Puode sumaišykite vandenį, cukrų, druską ir augalinį aliejų. Mišinį užvirinkite.

Nukelkite puodą nuo ugnies ir suberkite miltus bei matcha miltelius. Maišykite, kol susidarys tešlos rutulys.

Gilioje keptuvėje arba puode ant vidutinės ugnies įkaitinkite augalinį aliejų.

Perkelkite tešlą į maišelį su žvaigždute.

Supilkite tešlą į karštą aliejų, peiliu arba žirklėmis supjaustykite 4–6 colių ilgio gabalėliais.

Kepkite iki auksinės rudos spalvos iš visų pusių, retkarčiais apversdami.

Nuimkite churros iš aliejaus ir nusausinkite ant popierinio rankšluosčio.

Atskirame dubenyje sumaišykite cukrų ir matcha miltelius.

Churros apvoliokite matcha cukraus mišinyje, kol pasidengs.

Patiekite matcha churros šiltą.

67.Red Velvet Churros

INGRIDIENTAI:

1 puodelis vandens
2 šaukštai cukraus
1/2 arbatinio šaukštelio druskos
2 šaukštai augalinio aliejaus
1 puodelis universalių miltų
1 valgomasis šaukštas kakavos miltelių
Raudoni maistiniai dažai
Augalinis aliejus kepimui
1/4 stiklinės cukraus pudros (apdraudimui)
Grietinėlės sūrio glaistymas (nardinimui)

INSTRUKCIJOS:

Puode sumaišykite vandenį, cukrų, druską ir augalinį aliejų. Mišinį užvirinkite.

Nukelkite puodą nuo ugnies ir suberkite miltus, kakavos miltelius ir raudonus maistinius dažus. Maišykite, kol masė suformuos tešlos rutulį ir įgaus norimą raudoną spalvą.

Gilioje keptuvėje arba puode ant vidutinės ugnies įkaitinkite augalinį aliejų.

Perkelkite tešlą į maišelį su žvaigždute.

Supilkite tešlą į karštą aliejų, peiliu arba žirklėmis supjaustykite 4–6 colių ilgio gabalėliais.

Kepkite iki auksinės rudos spalvos iš visų pusių, retkarčiais apversdami.

Nuimkite churros iš aliejaus ir nusausinkite ant popierinio rankšluosčio.

Pabarstykite churros milteliniu cukrumi.

Patiekite raudoną aksominį churros šiltą su kreminio sūrio glaistu panardinimui.

68.Churro Bites

INGRIDIENTAI:

1 puodelis vandens
2 šaukštai cukraus
1/2 arbatinio šaukštelio druskos
2 šaukštai augalinio aliejaus
1 puodelis universalių miltų
Augalinis aliejus kepimui
1/4 stiklinės cukraus (padengimui)
1 arbatinis šaukštelis malto cinamono (padengimui)

INSTRUKCIJOS:

Puode sumaišykite vandenį, cukrų, druską ir augalinį aliejų.
Mišinį užvirinkite.
Nuimkite puodą nuo ugnies ir suberkite miltus. Maišykite,
kol susidarys tešlos rutulys.
Gilioje keptuvėje arba puode ant vidutinės ugnies
įkaitinkite augalinį aliejų.
Perkelkite tešlą į maišelį su žvaigždute.
Į karštą aliejų sudėkite nedidelius kąsnio dydžio tešlos
gabalėlius.
Kepkite iki auksinės rudos spalvos iš visų pusių, retkarčiais
apversdami.
Pašalinkite churro kąsnius iš aliejaus ir nusausinkite ant
popierinio rankšluosčio.
Atskirame dubenyje sumaišykite cukrų ir cinamoną.
Supilkite churro kąsnius į cinamono cukraus mišinį, kol
pasidengs.
Patiekite churro kąsnius šiltus.

69.Citriny churros

INGRIDIENTAI:

1 puodelis vandens
2 šaukštai cukraus
1/2 arbatinio šaukštelio druskos
2 šaukštai augalinio aliejaus
1 puodelis universalių miltų
1 citrinos žievelė
Augalinis aliejus kepimui
1/4 stiklinės cukraus (padengimui)
1 arbatinis šaukštelis malto cinamono (padengimui)
Citrininis glajus (pagamintas su cukraus pudra ir citrinos sultimis)

INSTRUKCIJOS:

Puode sumaišykite vandenį, cukrų, druską ir augalinį aliejų. Mišinį užvirinkite.

Nukelkite puodą nuo ugnies ir suberkite miltus bei citrinos žievelę. Maišykite, kol susidarys tešlos rutulys.

Gilioje keptuvėje arba puode ant vidutinės ugnies įkaitinkite augalinį aliejų.

Perkelkite tešlą į maišelį su žvaigždute.

Supilkite tešlą į karštą aliejų, peiliu arba žirklėmis supjaustykite 4–6 colių ilgio gabalėliais.

Kepkite iki auksinės rudos spalvos iš visų pusių, retkarčiais apversdami.

Nuimkite churros iš aliejaus ir nusausinkite ant popierinio rankšluosčio.

Atskirame dubenyje sumaišykite cukrų ir cinamoną.

Churros apvoliokite cinamono cukraus mišinyje, kol pasidengs.

Churros aptepkite citrininiu glaistu.

Citrininius churros patiekite šiltus.

70.Kokoso Churros

INGRIDIENTAI:

1 puodelis vandens
2 šaukštai cukraus
1/2 arbatinio šaukštelio druskos
2 šaukštai augalinio aliejaus
1 puodelis universalių miltų
1/2 puodelio susmulkinto kokoso
Augalinis aliejus kepimui
1/4 stiklinės cukraus (padengimui)
1 arbatinis šaukštelis malto cinamono (padengimui)

INSTRUKCIJOS:

Puode sumaišykite vandenį, cukrų, druską ir augalinį aliejų. Mišinį užvirinkite.

Nukelkite puodą nuo ugnies ir suberkite miltus bei susmulkintą kokosą. Maišykite, kol susidarys tešlos rutulys.

Gilioje keptuvėje arba puode ant vidutinės ugnies įkaitinkite augalinį aliejų.

Perkelkite tešlą į maišelį su žvaigždute.

Supilkite tešlą į karštą aliejų, peiliu arba žirklėmis supjaustykite 4–6 colių ilgio gabalėliais.

Kepkite iki auksinės rudos spalvos iš visų pusių, retkarčiais apversdami.

Nuimkite churros iš aliejaus ir nusausinkite ant popierinio rankšluosčio.

Atskirame dubenyje sumaišykite cukrų ir cinamoną.

Churros apvoliokite cinamono cukraus mišinyje, kol pasidengs.

Patiekite kokoso churros šiltą.

71.Churro vafliai

INGRIDIENTAI:

1 puodelis vandens
2 šaukštai cukraus
1/2 arbatinio šaukštelio druskos
2 šaukštai augalinio aliejaus
1 puodelis universalių miltų
Augalinis aliejus kepimui
1/4 stiklinės cukraus (padengimui)
1 arbatinis šaukštelis malto cinamono (padengimui)
Vaflinė tešla (paruošta pagal pakuotės nurodymus)

INSTRUKCIJOS:

Puode sumaišykite vandenį, cukrų, druską ir augalinį aliejų.
Mišinį užvirinkite.
Nuimkite puodą nuo ugnies ir suberkite miltus. Maišykite,
kol susidarys tešlos rutulys.
Gilioje keptuvėje arba puode ant vidutinės ugnies
įkaitinkite augalinį aliejų.
Perkelkite tešlą į maišelį su žvaigždute.
Supilkite tešlą į karštą aliejų, peiliu arba žirklėmis
supjaustykite 4–6 colių ilgio gabalėliais.
Kepkite iki auksinės rudos spalvos iš visų pusių, retkarčiais
apversdami.
Nuimkite churros iš aliejaus ir nusausinkite ant popierinio
rankšluosčio.
Atskirame dubenyje sumaišykite cukrų ir cinamoną.
Churros apvoliokite cinamono cukraus mišinyje, kol
pasidengs.
Įkaitinkite vaflinę ir paruoškite vaflinę tešlą pagal
pakuotės nurodymus.

Įdėkite churro kiekvienos vaflinės dalies centre ant lygintuvo ir užpilkite tešlą ant churros.
Uždarykite vaflinę ir kepkite, kol vafliai taps auksinės rudos spalvos.
Patiekite churro vaflius šiltus.

INGRIDIENTAI:

1 puodelis vandens
2 šaukštai cukraus
1/2 arbatinio šaukštelio druskos
2 šaukštai augalinio aliejaus
1 puodelis universalių miltų
Augalinis aliejus kepimui
1/4 stiklinės cukraus (padengimui)
1 arbatinis šaukštelis malto cinamono (padengimui)
Braškių sūrio pyrago įdaras (paruoštas arba pirktas parduotuvėje)

INSTRUKCIJOS:

Puode sumaišykite vandenį, cukrų, druską ir augalinį aliejų. Mišinį užvirinkite.

Nuimkite puodą nuo ugnies ir suberkite miltus. Maišykite, kol susidarys tešlos rutulys.

Gilioje keptuvėje arba puode ant vidutinės ugnies įkaitinkite augalinį aliejų.

Perkelkite tešlą į maišelį su žvaigždute.

Supilkite tešlą į karštą aliejų, peiliu arba žirklėmis supjaustykite 4–6 colių ilgio gabalėliais.

Kepkite iki auksinės rudos spalvos iš visų pusių, retkarčiais apversdami.

Nuimkite churros iš aliejaus ir nusausinkite ant popierinio rankšluosčio.

Atskirame dubenyje sumaišykite cukrų ir cinamoną.

Churros apvoliokite cinamono cukraus mišinyje, kol pasidengs.

Švirkštu arba konditeriniu maišeliu užpildykite churros braškinio sūrio pyrago įdaru.

Braškių sūrio pyragą churros patiekite šiltą.

KONSTRUKCIJAS VYKIMAI

73.Cinamono cukraus posūkiai

INGRIDIENTAI:

1 pakuotė sluoksniuotos tešlos lakštų
2 šaukštai sviesto, lydyto
1/4 puodelio granuliuoto cukraus
1 arbatinis šaukštelis malto cinamono

INSTRUKCIJOS:

Įkaitinkite orkaitę iki 400°F (200°C) ir kepimo skardą išklokite pergamentiniu popieriumi.

Sluoksniuotą tešlą atšildykite pagal pakuotės nurodymus.

Sluoksniuotos tešlos lakštą iškočiokite ir supjaustykite plonomis juostelėmis.

Kiekvieną juostelę susukite ir padėkite ant paruoštos kepimo skardos.

Mažame dubenyje sumaišykite granuliuotą cukrų ir maltą cinamoną.

Susuktą tešlą ištepkite tirpintu sviestu.

Cinamoninio cukraus mišinį tolygiai pabarstykite ant posūkių.

Kepkite 12-15 minučių arba kol išsipūs ir taps auksinės rudos spalvos. Patiekite šiltą.

74.Karamelės posūkiai

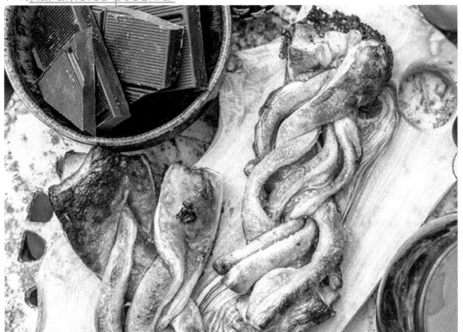

INGRIDIENTAI:

1 pakuotė (17,3 uncijos) šaldytos sluoksniuotos tešlos, atšildyta
1 puodelis granuliuoto cukraus
1/2 stiklinės nesūdyto sviesto
1/4 puodelio riebios grietinėlės
1 arbatinis šaukštelis vanilės ekstrakto
1/4 arbatinio šaukštelio druskos

INSTRUKCIJOS:

Įkaitinkite orkaitę iki 400°F (200°C) ir kepimo skardą išklokite pergamentiniu popieriumi.

Sluoksniuotą tešlą ant lengvai miltais pabarstyto paviršiaus iškočiokite į stačiakampį.

Puode sumaišykite granuliuotą cukrų, sviestą, riebią grietinėlę, vanilės ekstraktą ir druską. Kaitinkite ant vidutinės-stiprios ugnies, kol cukrus ištirps ir mišinys pradės burbuliuoti.

Iškočiotą sluoksniuotą tešlą užpilkite karamelės padažu ir tolygiai paskleiskite.

Tešlą supjaustykite plonomis, maždaug 1/2 colio pločio juostelėmis.

Kiekvieną juostelę švelniai pasukite ir padėkite ant paruoštos kepimo skardos.

Kepkite 12-15 minučių arba iki auksinės rudos spalvos ir išsipūtimo.
Prieš patiekdami leiskite suktinukams atvėsti.

75.Austrijos posūkiai

INGRIDIENTAI:
2 sluoksniuotos tešlos lakštai, atšildyti
1/2 stiklinės nesūdyto sviesto, lydyto
1/2 puodelio granuliuoto cukraus
1 valgomasis šaukštas malto cinamono
Cukraus pudra, skirta dulkinimui

INSTRUKCIJOS:

Įkaitinkite orkaitę iki 375°F (190°C) ir kepimo skardą išklokite pergamentiniu popieriumi.

Ant lengvai miltais pabarstyto paviršiaus iškočiokite sluoksniuotos tešlos lakštus.
Kiekvieną lakštą tolygiai ištepkite tirpintu sviestu.
Mažame dubenyje sumaišykite granuliuotą cukrų ir maltą cinamoną.
Cinamono-cukraus mišiniu apibarstykite sviestu išteptus tešlos lakštus.

Kiekvieną tešlos lakštą perlenkite per pusę išilgai.

Kiekvieną lapą supjaustykite 1 colio juostelėmis.

Kiekvieną juostelę švelniai pasukite ir padėkite ant paruoštos kepimo skardos.

Kepkite 15-20 minučių arba iki auksinės rudos spalvos.

Leiskite posūkiams šiek tiek atvėsti, prieš apibarstydami cukraus pudra.

76.Picos posūkiai

INGRIDIENTAI:

- 1 lakštas sluoksniuotos tešlos, atšildytas
- 1/2 puodelio picos padažo
- 1 puodelis tarkuoto mocarelos sūrio
- 1/4 puodelio pjaustytų pipirų
- 1 arbatinis šaukštelis džiovintų raudonėlių
- 1/4 arbatinio šaukštelio česnako miltelių
- 1/4 arbatinio šaukštelio raudonųjų pipirų dribsnių (nebūtina)

INSTRUKCIJOS:

a) Įkaitinkite orkaitę iki 400°F (200°C) ir kepimo skardą išklokite pergamentiniu popieriumi.

b) Ant lengvai miltais pabarstyto paviršiaus iškočiokite sluoksniuotos tešlos lakštą į stačiakampį.

c) Picos padažą tolygiai paskleiskite ant tešlos lakšto, palikdami nedidelį kraštelį aplink kraštus.

d) Ant padažo pabarstykite susmulkintą mocarelos sūrį, griežinėliais pjaustytus pipirus, džiovintą raudonėlį, česnako miltelius ir raudonųjų pipirų dribsnius (jei naudojate).

e) Tešlos lakštą perlenkite per pusę išilgai ir suspauskite kraštus, kad susijungtų.

f) Perlenktą tešlą supjaustykite 1 colio juostelėmis.

g) Kiekvieną juostelę švelniai pasukite ir padėkite ant paruoštos kepimo skardos.

h) Kepkite 15-20 minučių arba tol, kol pyragas taps aukso rudos spalvos, o sūris išsilydys ir pradės burbuliuoti.

i) Prieš patiekdami leiskite suktinukams šiek tiek atvėsti.

77.Švediškas anyžius Tvistai

INGRIDIENTAI:

- 2 1/2 stiklinės universalių miltų
- 1/2 stiklinės nesūdyto sviesto, suminkštinto
- 1/2 puodelio granuliuoto cukraus
- 2 arbatiniai šaukšteliai anyžių ekstrakto
- 1/2 arbatinio šaukštelio kepimo miltelių
- 1/4 arbatinio šaukštelio druskos
- 1 kiaušinis
- Perlinis cukrus apibarstymui (nebūtina)

INSTRUKCIJOS:

a) Įkaitinkite orkaitę iki 375°F (190°C) ir kepimo skardą išklokite pergamentiniu popieriumi.

b) Dideliame dubenyje sumaišykite minkštą sviestą, granuliuotą cukrų ir anyžių ekstraktą iki šviesios ir purios masės.

c) Atskirame dubenyje sumaišykite miltus, kepimo miltelius ir druską.

d) Palaipsniui į sviesto mišinį suberkite sausus ingredientus, kiekvieną kartą gerai išmaišykite.

e) Įmuškite kiaušinį, kol tešla susimaišys.

f) Padalinkite tešlą į mažus gabalėlius ir kiekvieną gabalėlį susukite į ilgą, maždaug 8 colių ilgio virvę.

g) Kiekvieną virvę susukite į "S" formą ir padėkite ant paruoštos kepimo skardos.

h) Tvistus pabarstykite perliniu cukrumi (jei norite).

i) Kepkite 10-12 minučių arba kol kraštai taps švelniai auksiniai.

j) Prieš patiekdami leiskite suktinukams visiškai atvėsti.

78.Nutella konditerijos suktukai

INGRIDIENTAI:

- 17,3 uncijos pakuotė šaldyta sluoksniuota tešla, atšildyta, bet šalta
- miltų, darbinio paviršiaus apdulkinimui
- 1 puodelis Nutella
- 1 didelis kiaušinis
- rupaus šlifavimo cukraus, neprivaloma

INSTRUKCIJOS:

a) Įkaitinkite orkaitę iki 350 laipsnių.

b) Kepimo skardą išklokite kepimo popieriumi ir lengvai patepkite kepimo purškikliu.

c) Išskleiskite vieną sluoksniuotos tešlos lakštą ant lengvai miltais pabarstyto darbinio paviršiaus. Naudodami kočėlą lengvai susukite tešlą, kad susiglamžytumėte visas klostes.

d) Ant išlygintos sluoksniuotos tešlos ištepkite Nutella.

e) Išlyginkite antrąjį sluoksniuotos tešlos lakštą ir uždėkite ant pirmojo lakšto.

f) Tešlą supjaustykite vieno colio pločio juostelėmis ir kiekvieną juostelę susukite į posūkį ir padėkite ant kepimo skardos.

g) Nedideliame dubenyje išplakite kiaušinį, tada sutepkite jį ant suktinių.

h) Jei norite, pabarstykite posūkius šlifavimo cukrumi.

i) Kepkite 15–18 minučių iki auksinės rudos spalvos.

j) Išimkite suktukus iš orkaitės ir leiskite jiems atvėsti bent 5 minutes ant kepimo skardos.

79.Oro gruzdintuvė Sweet Twists

INGRIDIENTAI:

- 1 dėžutė parduotuvėje pirktos sluoksniuotos tešlos
- ½ arbatinio šaukštelio cinamono
- ½ arbatinio šaukštelio cukraus
- ½ arbatinio šaukštelio juodųjų sezamų sėklų
- Druska, žiupsnelis
- 2 šaukštai parmezano sūrio, tarkuoto

INSTRUKCIJOS:

a) Padėkite tešlą ant darbinio paviršiaus.

b) Paimkite nedidelį dubenį ir sumaišykite sūrį, cukrų, druską, sezamo sėklas ir cinamoną.

c) Šiuo mišiniu apspauskite abi tešlos puses.

d) Dabar supjaustykite tešlą 1 x 3 colių juostelėmis.

e) Pasukite kiekvieną juostelę 2 kartus ir padėkite ant plokščio paviršiaus.

f) Perkelkite jį į oro gruzdintuvės krepšelį.

g) Pasirinkite kepimo ore režimą 400 laipsnių F temperatūroje 10 minučių.

h) Kai iškeps, patiekite.

INGRIDIENTAI:

- 1 dėžutė parduotuvėje pirktos sluoksniuotos tešlos
- $\frac{1}{2}$ arbatinio šaukštelio citrinos žievelės
- 1 valgomasis šaukštas citrinos sulčių
- 2 arbatinius šaukštelius rudojo cukraus
- Druska, žiupsnelis
- 2 šaukštai parmezano sūrio, šviežiai tarkuoto

INSTRUKCIJA: p

a) Sluoksniuotos tešlos tešlą padėkite ant švarios darbo vietos.

b) Dubenyje sumaišykite parmezano sūrį, rudąjį cukrų, druską, citrinos žievelę ir citrinos sultis.

c) Šiuo mišiniu apspauskite abi tešlos puses.

d) Dabar supjaustykite tešlą 1 x 4 colių juostelėmis.

e) Pasukite kiekvieną juostelę.

f) Perkelkite jį į oro gruzdintuvės krepšelį.

g) Pasirinkite kepimo ore režimą 400 laipsnių F temperatūroje 9–10 minučių.

h) Kai iškeps, patiekite ir mėgaukitės.

81.Sūrio ir kumpio suktukai

INGRIDIENTAI:

- 1 lakštas sluoksniuotos tešlos, atšildytas
- 1/2 puodelio susmulkinto čederio sūrio
- 1/2 puodelio kubeliais pjaustyto kumpio
- 1 kiaušinis, sumuštas

INSTRUKCIJOS:

a) Įkaitinkite orkaitę iki 400°F (200°C).

b) Ant lengvai miltais pabarstyto paviršiaus iškočiokite sluoksniuotą tešlą maždaug 1/4 colio storio.

c) Pabarstykite susmulkintą čederio sūrį ir tolygiai supjaustykite jį ant sluoksniuotos tešlos.

d) Sluoksniuotą tešlą supjaustykite į 12 lygių juostelių.

e) Kiekvieną juostelę keletą kartų pasukite ir padėkite ant kepimo popieriumi išklotos skardos.

f) Kiekvieną posūkį aptepkite plaktu kiaušiniu.

g) Kepkite 15-20 minučių iki auksinės rudos spalvos.

h) Patiekite šiltą.

INGRIDIENTAI:

- 1 lakštas sluoksniuotos tešlos, atšildytas
- 1/4 puodelio Nutellos arba šokoladinio lazdyno riešutų užtepėlės
- 1/4 puodelio kapotų lazdyno riešutų
- 1 kiaušinis, sumuštas

INSTRUKCIJOS:

a) Įkaitinkite orkaitę iki 400°F (200°C).

b) Ant lengvai miltais pabarstyto paviršiaus iškočiokite sluoksniuotą tešlą maždaug 1/4 colio storio.

c) Sluoksniuotą tešlą užtepkite Nutella arba šokoladiniu lazdyno riešutu.

d) Užtepėlę pabarstykite smulkintais lazdyno riešutais.

e) Sluoksniuotą tešlą supjaustykite maždaug 1 colio pločio juostelėmis.

f) Kiekvieną juostelę kelis kartus pasukite ir dėkite ant kepimo popieriumi išklotos skardos.

g) Kiekvieną posūkį aptepkite plaktu kiaušiniu.

h) Kepkite 20-25 minutes iki auksinės rudos spalvos.

i) Patiekite šiltą.

83. Tiramisu Tvistai

INGRIDIENTAI:

- 200 gramų maskarponės
- 2 šaukštai Kahlua, plius papildomai glaistui
- 2 šaukštai smulkaus cukraus
- 1 lakštas sviestinės sluoksniuotos tešlos
- 30 gramų tamsaus šokolado, padalinta

INSTRUKCIJOS:

a) Mažame dubenyje plakite maskarponę iki minkštos masės. Įpilkite Kahlua ir, visiškai išmaišę, įmaišykite cukrų. Ištieskite sluoksniuotos tešlos lakštą trumpu kraštu į save. Tiramisu įdarą tolygiai paskirstykite ant lakšto.

b) Picos pjaustytuvu arba aštriu peiliu supjaustykite tešlą į 8 ilgas vertikalias juosteles. Ant įdaro užtarkuoti 20 gramų juodojo šokolado. Dirbdami po vieną torsadą, suimkite už toliausiai nuo jūsų esančio galo ir sulenkite jį per pusę ant savęs.

c) Perkelkite į nelipnią arba išklotą kepimo skardą, padėdami ją du kartus apsukdami. Švelniai paspauskite apatinį kraštą uždarytą, tada pakartokite su likusiu ir atšaldykite 1 valandą.

d) Įkaitinkite orkaitę iki 200C/180C ventiliatoriaus. Kai pyragaičiai atvės vieną valandą, lengvai aptepkite juos Kahlua ir sutarkuokite ant smulkių likučių šokolado.

e) Kepkite 15 minučių, kol gerai pakils ir taps auksinės rudos spalvos.

f) Perkelkite ant grotelių, kad atvėstų, arba patiekite šiltą.

84.Česnakiniai parmezano posūkiai

INGRIDIENTAI:

- 1 pakelis atšaldytos picos tešlos
- 2 šaukštai sviesto, lydyto
- 2 skiltelės česnako, susmulkintos
- 1/4 puodelio tarkuoto parmezano sūrio
- 1 arbatinis šaukštelis džiovintų itališkų prieskonių

INSTRUKCIJOS:

a) Įkaitinkite orkaitę iki 375°F (190°C) ir kepimo skardą išklokite pergamentiniu popieriumi.

b) Picos tešlą iškočiokite ir supjaustykite plonomis juostelėmis.

c) Kiekvieną juostelę susukite ir padėkite ant paruoštos kepimo skardos.

d) Nedideliame dubenyje sumaišykite lydytą sviestą ir smulkintą česnaką.

e) Susuktą tešlą aptepkite česnakinio sviesto mišiniu.

f) Ant posūkių tolygiai pabarstykite parmezano sūrį ir itališkus prieskonius.

g) Kepkite 12-15 minučių arba iki auksinės rudos spalvos. Patiekite šiltą.

85.Jalapeno Cheddar Tvistai

INGRIDIENTAI:

1 pakuotė šaldytuve laikomos pusmėnulio ritininės tešlos
1 puodelis susmulkinto čederio sūrio
2 jalapeno pipirai, pašalintos sėklos ir smulkiai supjaustyti
1/4 puodelio lydyto sviesto
1/2 arbatinio šaukštelio česnako miltelių
1/4 arbatinio šaukštelio paprikos

INSTRUKCIJOS:

Įkaitinkite orkaitę iki 375°F (190°C) ir kepimo skardą išklokite pergamentiniu popieriumi.

Išvyniokite pusmėnulio ritinėlio tešlą ir padalinkite į trikampius.

Ant kiekvieno trikampio tolygiai pabarstykite susmulkintą čederio sūrį ir pjaustytas jalapenas.

Susukite trikampius pradėdami nuo platesnio galo ir švelniai pasukite, kad pritvirtintumėte įdarą.

Susuktus suktinukus dėkite ant paruoštos kepimo skardos.

Nedideliame dubenyje sumaišykite lydytą sviestą, česnako miltelius ir papriką.

Susuktus suktinukus aptepkite sviesto mišiniu.

Kepkite 12-15 minučių arba tol, kol suktinukai taps auksinės rudos spalvos, o sūris išsilydys. Patiekite šiltą.

86.Buffalo vištienos posūkiai

INGRIDIENTAI:

- 2 stiklinės virtos vištienos, susmulkintos
- 1/2 puodelio buivolių padažo
- 1/4 puodelio trupinto pelėsinio sūrio
- 2 šaukštai pjaustytų žaliųjų svogūnų
- 1 pakelis atšaldytos picos tešlos

INSTRUKCIJOS:

a) Įkaitinkite orkaitę iki 375°F (190°C) ir kepimo skardą išklokite pergamentiniu popieriumi.

b) Dubenyje sumaišykite susmulkintą vištieną ir buivolių padažą, kol gerai apskrus.

c) Picos tešlą iškočiokite ir supjaustykite plonomis juostelėmis.

d) Kiekvieną juostelę susukite ir padėkite ant paruoštos kepimo skardos.

e) Ant kiekvieno pasukimo uždėkite nedidelį kiekį buivolių vištienos mišinio.

f) Pabarstykite susmulkintą pelėsinį sūrį ir smulkintus žalius svogūnus.

g) Kepkite 12-15 minučių arba tol, kol posūkiai taps auksinės rudos spalvos, o įdaras įkais. Patiekite šiltą.

87.Pesto ir saulėje džiovintų pomidorų suktukai

INGRIDIENTAI:

- 1 pakuotė sluoksniuotos tešlos lakštų
- 1/4 puodelio pesto padažo
- 1/4 puodelio kapotų saulėje džiovintų pomidorų (supakuotų aliejuje)
- 1/4 puodelio tarkuoto parmezano sūrio
- 1 kiaušinis, sumuštas (kiaušinių plovimui)

INSTRUKCIJOS:

a) Įkaitinkite orkaitę iki 400°F (200°C) ir kepimo skardą išklokite pergamentiniu popieriumi.

b) Sluoksniuotą tešlą atšildykite pagal pakuotės nurodymus.

c) Sluoksniuotos tešlos lakštą iškočiokite ir supjaustykite plonomis juostelėmis.

d) Išilgai kiekvienos juostelės ištepkite ploną pesto padažo sluoksnį.

e) Kiekvieną juostelę pabarstykite pjaustytais saulėje džiovintais pomidorais ir tarkuotu parmezano sūriu.

f) Kiekvieną juostelę švelniai pasukite ir padėkite ant paruoštos kepimo skardos.

g) Aptepkite posūkius plaktu kiaušiniu, kad gautumėte blizgesį.

h) Kepkite 12-15 minučių arba kol išsipūs ir taps auksinės rudos spalvos. Patiekite šiltą.

88.Špinatų ir fetos suktukai

INGRIDIENTAI:

- 1 pakuotė šaldytuve laikomos pusmėnulio ritininės tešlos
- 1 puodelis šaldytų špinatų, atšildytų ir išspaustų drėgmės perteklių
- 1/2 puodelio trupinto fetos sūrio
- 2 šaukštai tarkuoto parmezano sūrio
- 1/4 arbatinio šaukštelio česnako miltelių
- Druska ir pipirai pagal skonį

INSTRUKCIJOS:

a) Įkaitinkite orkaitę iki 375°F (190°C) ir kepimo skardą išklokite pergamentiniu popieriumi.

b) Išvyniokite pusmėnulio ritinėlio tešlą ir padalinkite į trikampius.

c) Dubenyje sumaišykite špinatus, fetos sūrį, tarkuotą parmezaną, česnako miltelius, druską ir pipirus.

d) Ant kiekvieno trikampio uždėkite nedidelį kiekį špinatų ir fetos mišinio.

e) Susukite trikampius, pradėdami nuo platesnio galo ir švelniai pasukite, kad įdaras sandariai užsidarytų.

f) Susuktus suktinukus dėkite ant paruoštos kepimo skardos.

g) Kepkite 12-15 minučių arba tol, kol suktinukai taps aukso rudos spalvos, o įdaras įkais. Patiekite šiltą.

89.BBQ Pulled Pork Twists

INGRIDIENTAI:

- 2 puodeliai virtos plėšytos kiaulienos
- 1/2 puodelio barbekiu padažo
- 1/4 puodelio susmulkinto čederio sūrio
- 1/4 puodelio susmulkinto raudonojo svogūno
- 1 pakelis atšaldytos picos tešlos

INSTRUKCIJOS:

a) Įkaitinkite orkaitę iki 375°F (190°C) ir kepimo skardą išklokite pergamentiniu popieriumi.

b) Dubenyje sumaišykite trintą kiaulieną ir barbekiu padažą iki vientisos masės.

c) Picos tešlą iškočiokite ir supjaustykite plonomis juostelėmis.

d) Kiekvieną juostelę susukite ir padėkite ant paruoštos kepimo skardos.

e) Ant kiekvieno pasukimo uždėkite nedidelį kiekį plėšytos kiaulienos mišinio.

f) Pabarstykite susmulkintą čederio sūrį ir susmulkintą raudonąjį svogūną.

g) Kepkite 12-15 minučių arba tol, kol posūkiai taps auksinės rudos spalvos, o įdaras įkais. Patiekite šiltą.

90. S'mores Twists

INGRIDIENTAI:

- 1 pakuotė sluoksniuotos tešlos lakštų
- 1/4 puodelio Nutellos arba šokolado užtepėlės
- 1/4 puodelio mini zefyrų
- 2 šaukštai grūstų Graham krekerių
- 1 kiaušinis, sumuštas (kiaušinių plovimui)

INSTRUKCIJOS:

a) Įkaitinkite orkaitę iki 400°F (200°C) ir kepimo skardą išklokite pergamentiniu popieriumi.

b) Sluoksniuotą tešlą atšildykite pagal pakuotės nurodymus.

c) Sluoksniuotos tešlos lakštą iškočiokite ir supjaustykite plonomis juostelėmis.

d) Išilgai kiekvienos juostelės paskleiskite ploną Nutella arba šokolado sluoksnį.

e) Ant kiekvienos juostelės pabarstykite mini zefyrus ir susmulkintus Graham krekerius.

f) Kiekvieną juostelę švelniai pasukite ir padėkite ant paruoštos kepimo skardos.

g) Aptepkite posūkius plaktu kiaušiniu, kad gautumėte blizgesį.

h) Kepkite 12-15 minučių arba kol išsipūs ir taps auksinės rudos spalvos. Patiekite šiltą.

91.Caprese Twists

INGRIDIENTAI:

- 1 pakuotė sluoksniuotos tešlos lakštų
- 1/4 puodelio baziliko pesto
- 1/2 puodelio vyšninių pomidorų, perpjautų per pusę
- 1/2 puodelio šviežių mocarelos perlų
- Druska ir pipirai pagal skonį
- Balzamiko glajus laistymui (nebūtina)

INSTRUKCIJOS:

a) Įkaitinkite orkaitę iki 400°F (200°C) ir kepimo skardą išklokite pergamentiniu popieriumi.

b) Sluoksniuotą tešlą atšildykite pagal pakuotės nurodymus.

c) Sluoksniuotos tešlos lakštą iškočiokite ir supjaustykite plonomis juostelėmis.

d) Išilgai kiekvienos juostelės paskleiskite ploną bazilikų pesto sluoksnį.

e) Ant kiekvienos juostelės uždėkite po vyšninio pomidoro pusę ir po mocarelos perliuką.

f) Pagardinkite druska ir pipirais pagal skonį.

g) Kiekvieną juostelę švelniai pasukite ir padėkite ant paruoštos kepimo skardos.

h) Kepkite 12-15 minučių arba kol išsipūs ir taps auksinės rudos spalvos.

i) Neprivaloma: prieš patiekdami apšlakstykite balzamiko glaistu. Patiekite šiltą.

92.Obuolių cinamono suktukai

INGRIDIENTAI:

- 1 pakuotė sluoksniuotos tešlos lakštų
- 2 obuoliai, nulupti, nulupti ir plonais griežinėliais
- 2 šaukštai lydyto sviesto
- 2 šaukštai granuliuoto cukraus
- 1 arbatinis šaukštelis malto cinamono
- 1/4 puodelio kapotų graikinių riešutų (nebūtina)
- Cukraus pudra apibarstymui (nebūtina)

INSTRUKCIJOS:

a) Įkaitinkite orkaitę iki 400°F (200°C) ir kepimo skardą išklokite pergamentiniu popieriumi.

b) Sluoksniuotą tešlą atšildykite pagal pakuotės nurodymus.

c) Sluoksniuotos tešlos lakštą iškočiokite ir supjaustykite plonomis juostelėmis.

d) Kiekvieną juostelę sutepkite tirpintu sviestu.

e) Mažame dubenyje sumaišykite granuliuotą cukrų ir maltą cinamoną.

f) Cinamoniniu cukraus mišiniu tolygiai pabarstykite sviestu pateptas juosteles.

g) Ant kiekvienos juostelės uždėkite po keletą obuolių griežinėlių ir, jei norite, pabarstykite smulkintais graikiniais riešutais.

h) Kiekvieną juostelę švelniai pasukite ir padėkite ant paruoštos kepimo skardos.

i) Kepkite 12-15 minučių arba kol išsipūs ir taps auksinės rudos spalvos.

j) Nebūtina: prieš patiekdami apibarstykite posūkius cukraus pudra. Patiekite šiltą.

93.Kumpio ir sūrio posūkiai

INGRIDIENTAI:

1 pakuotė sluoksniuotos tešlos lakštų
1/2 puodelio supjaustyto kumpio
1/2 puodelio susmulkinto čederio sūrio
1 kiaušinis, sumuštas (kiaušinių plovimui)

INSTRUKCIJOS:

a) Įkaitinkite orkaitę iki 400°F (200°C) ir kepimo skardą išklokite pergamentiniu popieriumi.

b) Sluoksniuotą tešlą atšildykite pagal pakuotės nurodymus.

c) Sluoksniuotos tešlos lakštą iškočiokite ir supjaustykite plonomis juostelėmis.

d) Ant kiekvienos juostelės uždėkite keletą kumpio griežinėlių ir pabarstykite tarkuoto čederio sūrio.

e) Kiekvieną juostelę švelniai pasukite ir padėkite ant paruoštos kepimo skardos.

f) Aptepkite posūkius plaktu kiaušiniu, kad gautumėte blizgesį.

g) Kepkite 12-15 minučių arba kol išsipūs ir taps auksinės rudos spalvos. Patiekite šiltą.

94.Pesto vištiena Alfredo Twists

INGRIDIENTAI:

- 2 stiklinės virtos vištienos, susmulkintos
- 1/4 puodelio baziliko pesto
- 1/4 puodelio Alfredo padažo
- 1/4 puodelio susmulkinto mocarelos sūrio
- 1 pakelis atšaldytos picos tešlos

INSTRUKCIJOS:

a) Įkaitinkite orkaitę iki 375°F (190°C) ir kepimo skardą iškloкite pergamentiniu popieriumi.

b) Dubenyje sumaišykite susmulkintą vištieną, bazilikų pesto ir Alfredo padažą, kol gerai susimaišys.

c) Picos tešlą iškočiokite ir supjaustykite plonomis juostelėmis.

d) Kiekvieną juostelę susukite ir padėkite ant paruoštos kepimo skardos.

e) Ant kiekvieno posūkio uždėkite nedidelį kiekį vištienos mišinio.

f) Susmulkintą mocarelos sūrį pabarstykite ant posūkių.

g) Kepkite 12-15 minučių arba tol, kol posūkiai taps auksinės rudos spalvos, o įdaras įkais. Patiekite šiltą.

95.Klevo šoninės Tvistai

INGRIDIENTAI:

- 1 pakuotė sluoksniuotos tešlos lakštų
- 1/4 puodelio klevų sirupo
- 4 griežinėliai virtos šoninės, sutrupinti
- 2 šaukštai rudojo cukraus
- 1/4 arbatinio šaukštelio maltų juodųjų pipirų

INSTRUKCIJOS:

a) Įkaitinkite orkaitę iki 400°F (200°C) ir kepimo skardą
   išklokite pergamentiniu popieriumi.
b) Sluoksniuotą tešlą atšildykite pagal pakuotės
   nurodymus.
c) Sluoksniuotos tešlos lakštą iškočiokite ir supjaustykite
   plonomis juostelėmis.
d) Kiekvieną juostelę aptepkite klevų sirupu.
e) Nedideliame dubenyje sumaišykite trupintą šoninę,
   rudąjį cukrų ir maltus juoduosius pipirus.
f) Kiekvieną juostelę tolygiai pabarstykite šoninės mišiniu.
g) Kiekvieną juostelę švelniai pasukite ir padėkite ant
   paruoštos kepimo skardos.
h) Kepkite 12-15 minučių arba kol išsipūs ir taps auksinės
   rudos spalvos. Patiekite šiltą.

96.Viduržemio jūros posūkiai

INGRIDIENTAI:

- 1 pakuotė sluoksniuotos tešlos lakštų
- 1/4 puodelio saulėje džiovintų pomidorų pesto
- 1/4 puodelio kapotų Kalamata alyvuogių
- 1/4 puodelio trupinto fetos sūrio
- 1/4 puodelio kapotų šviežių petražolių

INSTRUKCIJOS:

a) Įkaitinkite orkaitę iki 400°F (200°C) ir kepimo skardą išklokite pergamentiniu popieriumi.

b) Sluoksniuotą tešlą atšildykite pagal pakuotės nurodymus.

c) Sluoksniuotos tešlos lakštą iškočiokite ir supjaustykite plonomis juostelėmis.

d) Išilgai kiekvienos juostelės paskleiskite ploną saulėje džiovintų pomidorų pesto sluoksnį.

e) Ant kiekvienos juostelės pabarstykite kapotų Kalamata alyvuogių, trupinto fetos sūrio ir kapotų šviežių petražolių.

f) Kiekvieną juostelę švelniai pasukite ir padėkite ant paruoštos kepimo skardos.

g) Kepkite 12-15 minučių arba kol issipūs ir taps auksinės rudos spalvos. Patiekite šiltą.

INGRIDIENTAI:

- 1 pakuotė sluoksniuotos tešlos lakštų
- 1/4 puodelio karamelinio padažo
- 1/4 puodelio kapotų riešutų (tokių kaip graikiniai arba pekano riešutai)
- 2 šaukštai rudojo cukraus
- 1/2 arbatinio šaukštelio malto cinamono

INSTRUKCIJOS:

a) Įkaitinkite orkaitę iki 400°F (200°C) ir kepimo skardą išklokite pergamentiniu popieriumi.

b) Sluoksniuotą tešlą atšildykite pagal pakuotės nurodymus.

c) Sluoksniuotos tešlos lakštą iškočiokite ir supjaustykite plonomis juostelėmis.

d) Išilgai kiekvienos juostelės paskleiskite ploną sluoksnį karamelės padažo.

e) Kiekvieną juostelę pabarstykite smulkintais riešutais, ruduoju cukrumi ir maltu cinamonu.

f) Kiekvieną juostelę švelniai pasukite ir padėkite ant paruoštos kepimo skardos.

g) Kepkite 12-15 minučių arba kol išsipūs ir taps auksinės rudos spalvos. Patiekite šiltą.

98.Aviečių kreminio sūrio posūkiai

INGRIDIENTAI:

- 1 pakuotė sluoksniuotos tešlos lakštų
- 1/4 puodelio aviečių uogienės arba konservų
- 4 uncijos grietinėlės sūrio, suminkštintas
- 2 šaukštai cukraus pudros
- 1/2 arbatinio šaukštelio vanilės ekstrakto
- 1 kiaušinis, sumuštas (kiaušinių plovimui)

INSTRUKCIJOS:

a) Įkaitinkite orkaitę iki 400°F (200°C) ir kepimo skardą išklokite pergamentiniu popieriumi.

b) Sluoksniuotą tešlą atšildykite pagal pakuotės nurodymus.

c) Sluoksniuotos tešlos lakštą iškočiokite ir supjaustykite plonomis juostelėmis.

d) Dubenyje sumaišykite kreminį sūrį, cukraus pudrą ir vanilės ekstraktą iki vientisos masės.

e) Išilgai kiekvienos juostelės paskleiskite ploną aviečių uogienės sluoksnį.

f) Ant aviečių uogienės uždėkite nedidelį šaukštelį kreminio sūrio mišinio.

g) Kiekvieną juostelę švelniai pasukite ir padėkite ant paruoštos kepimo skardos.

h) Aptepkite posūkius plaktu kiaušiniu, kad gautumėte blizgesį.

i) Kepkite 12-15 minučių arba kol išsipūs ir taps auksinės rudos spalvos. Patiekite šiltą.

99.Citrinų mėlynių posūkiai

INGRIDIENTAI:

- 1 pakuotė sluoksniuotos tešlos lakštų
- 1/4 puodelio citrinos varškės
- 1/4 puodelio šviežių mėlynių
- 1 valgomasis šaukštas granuliuoto cukraus
- 1 arbatinis šaukštelis citrinos žievelės

INSTRUKCIJOS:

a) Įkaitinkite orkaitę iki 400°F (200°C) ir kepimo skardą išklokite pergamentiniu popieriumi.

b) Sluoksniuotą tešlą atšildykite pagal pakuotės nurodymus.

c) Sluoksniuotos tešlos lakštą iškočiokite ir supjaustykite plonomis juostelėmis.

d) Išilgai kiekvienos juostelės paskleiskite ploną citrinos varškės sluoksnį.

e) Ant citrininės varškės uždėkite keletą mėlynių.

f) Kiekvieną juostelę pabarstykite granuliuotu cukrumi ir citrinos žievele.

g) Kiekvieną juostelę švelniai pasukite ir padėkite ant paruoštos kepimo skardos.

h) Kepkite 12-15 minučių arba kol išsipūs ir taps auksinės rudos spalvos. Patiekite šiltą.

100.Klevo pekano riešutai

INGRIDIENTAI:

- 1 pakuotė sluoksniuotos tešlos lakštų
- 1/4 puodelio klevų sirupo
- 1/4 puodelio kapotų pekano riešutų
- 2 šaukštai rudojo cukraus
- 1/4 arbatinio šaukštelio malto cinamono

INSTRUKCIJOS:

a) Įkaitinkite orkaitę iki 400°F (200°C) ir kepimo skardą išklokite pergamentiniu popieriumi.

b) Sluoksniuotą tešlą atšildykite pagal pakuotės nurodymus.

c) Sluoksniuotos tešlos lakštą iškočiokite ir supjaustykite plonomis juostelėmis.

d) Kiekvieną juostelę aptepkite klevų sirupu.

e) Mažame dubenyje sumaišykite smulkintus pekano riešutus, rudąjį cukrų ir maltą cinamoną.

f) Kiekvieną juostelę tolygiai pabarstykite pekano mišiniu.

g) Kiekvieną juostelę švelniai pasukite ir padėkite ant paruoštos kepimo skardos.

h) Kepkite 12-15 minučių arba kol išsipūs ir taps auksinės rudos spalvos. Patiekite šiltą.

IŠVADA

Tikimės, kad ši kulinarijos knyga įžiebė jūsų aistrą savo virtuvėje kurti puikias duonos lazdeles, pyragaičius ir posūkius. Pasidalinome su jumis savo mėgstamais receptais, patarimais ir metodais, suteikdami jums galimybę eksperimentuoti ir padaryti šiuos skanėstus tikrai savo. Nesvarbu, ar patiekiate juos kaip minią džiuginantį užkandį vakarėlyje, ar jaukiai pasimėgaujate jaukiais užkandžiais, naminių duonos lazdelių, pyragaičių ir suktinukų džiaugsmui nėra ribų.

Atminkite, kad kepimo menas yra nesibaigiantis nuotykis. Nebijokite peržengti ribų, tyrinėkite naujus skonių derinius ir įkvėpkite savo asmenybę į šiuos receptus. Pasidalykite savo kūriniais su artimaisiais, pasidalykite istorijomis ir patarimais su kolegomis kepėjais ir mėgaukitės pasitenkinimu žinodami, kad sukūrėte kažką tikrai ypatingo.

Nuoširdžiai tikimės, kad ši kulinarijos knyga įkvėpė jus pasimėgauti duonos lazdelių, pyragaičių ir suktinukų magija ir taps mėgstamu palydovu jūsų virtuvėje. Tegul jūsų tešla visada kyla, jūsų skoniai visada būna drąsūs, o jūsų kūriniai visada būna su malonumu. Laimingo kepimo!

.

Milton Keynes UK
Ingram Content Group UK Ltd.
UKHW021039101023
430300UK00017B/295